Martin Fieber

Steh endlich auf !

Martin Fieber

Steh endlich auf !

BERGKRIST  **LL**

Bergkristall Verlag GmbH, 32108 Bad Salzuflen
Schülerstr. 2-4
Tel. 05222 – 923 451
Fax 05222 – 923 452
e-mail: info@bergkristall-verlag.de
www.bergkristall-verlag.de
März 2003
Satz: Bergkristall Verlag GmbH
Druck und Bindung: Druckerei Dröge Schötmar GmbH, Bad Salzuflen
Printed in Germany

Foto der Spiralengalaxie NGC 1232: European Southern Observatory®

ISBN 3-935422-47-4

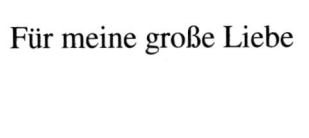

Für meine große Liebe

Inhaltsverzeichnis

Einleitung

Er ist so freudenvoll, dass ihm der Stöpsel aus der Seele fliegt.
(Wilhelm Busch)

„Fieberchen!", hallt es durch den langen Gang der Firma. „Fieberchen! Wo sind Sie?" Unverkennbar, der Gerufene war ich. Vor ungefähr acht Jahren. Fieberchen, der Gefangene vom vierten Stock in Zelle 411. Der Rufer war einer meiner Chefs, den, wie immer, die Ungeduld trieb.

Das war 1996. In diesem Buch möchte ich Ihnen zeigen, wie aus dem unterwürfigen und hyperängstlichen „Fieberchen" der wahre Martin Fieber wurde. Oder besser, das was ich bis jetzt von dem wahren Martin Fieber weiß.

Jahrzehnte lang habe ich nichts unternommen, wenn meine Seele getreten wurde. Ich war einfach liegengeblieben. Doch dies ist vorbei. Nun folgt die Geschichte meines Aufstehens. Endlich kann ich mich wieder im Spiegel des unendlichen Universums anschauen und erkenne das friedvolle Lächeln der Sterne.

Ich danke Ihnen aus meinem ganzen Herzen, wenn Sie dieses Buch mit Ihrem ganzen Herzen lesen und mit mir meine tiefsten Erlebnisse und Empfindungen teilen.

Gott zum Gruß und lassen Sie es sich gut gehen.

Ihr

Martin Fieber

Eine kleine Geschichte vorab

Schau der Angst in die Augen und sie wird zwinkern. (aus Russland)

Es ist geschafft. Ich liege auf Amrum in einem schnuckeligen Strandkorb und erhole mich von den Strapazen der letzten Monate. Viel Arbeit und Stress prägten diese Zeit. Jetzt liege ich ruhig da und lasse mit dem Nordseewind meine ganzen Gedanken frei. Die Gedanken, die sich immer wieder um meine Existenzängste drehen. Drei Tage gelingt mir dies, am vierten Tag allerdings liege ich abends flach. Mit Schwindel und dickem Hals. Am nächsten Tag kommen noch Gliederschmerzen hinzu, bis ich schließlich an einem traumhaften, sonnigen Tag bewegungsunfähig und frierend unter riesigen Qualen im Garten liege.

,Ach, wie schön haben es die Möwen, die sich frei am Himmel treiben lassen können, ohne auch nur einmal mit ihren Flügeln schlagen zu müssen!' Ja, die Möwen haben es gut, denke ich noch, als es plötzlich laut wird am Himmel. Von überall her kommen Möwen angeflogen, formieren sich und kreisen über mir. Hunderte, Tausende fliegen hektisch und mit wichtigtuendem Geschnatter herum. Tatsächlich ist das Zentrum, um das die Möwen kreisen, genau über meiner Liege. Auf einmal sind die Möwen meine Gedanken und meine Gedanken sind die nordischen Aasfresser. Ohne System und in großem Chaos schwirren sie herum. Ohne Ziel. Ohne Sinn. Lautes Geschrei, hässliches Lachen und viel Geschiss prägen die nächste halbe Stunde, bis sie endlich wieder verschwunden sind. Mein fiebriger Wahn löst sich und ich habe, zwar noch unter Schmerzen, einen kristallklaren Geist, der versteht, wie meine Gedanken Ängste hervorbringen, wie diese Gedanken auch andere Menschen beeinflussen und vor allem, wie diese Ängste mich total bewegungsunfähig machten. Wie müssen diese Ängste mich die ganzen Jahre gefesselt haben!

Ich erinnere mich, wie ich viele Jahre lang schwermütig war und ein hoffnungsloses Gemüt hatte. Eine dunkle, düstere Wolke sank auf mich herab, bis ich nichts mehr sah und zu großen Teilen in einer hilflosen Antriebsschwäche versank. Diese Wolke aus puren Ängsten war sehr dick und stark. Ich fand nicht aus ihr heraus. Sie war ein Gemisch aus Hoffnungslosigkeit, Traurigkeit, Existenzängsten, Weltschmerz, Lebensmüdigkeit mit vielen Zutaten wie Selbstmitleid und Zurückgezogenheit. Diese Depression war wie ein Labyrinth ohne Ein- und Ausgang. Ich war einfach darin gefangen. Egal welchen Weg ich ging oder auf welchen Gedanken ich kam, ich war gefangen und blieb liegen. Schließlich verkroch ich mich im Bett und wollte nur noch schlafen.

Hier auf meiner Liege in diesem wunderschönen Garten auf Amrum liege ich nun, immer noch bewegungsunfähig, eingemummelt in eine Decke, die mittlerweile schon Ätzspuren aufweist von diesem elenden Möwenschiss. Die Klarheit in mir tut aber wieder gut, nachdem ich die letzten zwei Tage wie in einem Wahn verbracht habe. Meine Ängste werden mir klar, die Ängste vor dem Leben, die Ängste, irgendwann mittellos unter einer Brücke zu liegen und zu erfrieren. Und zu verhungern.

Vor allem wurde mir aber dies klar, wie sehr meine Ängste mich am Leben hinderten. Wie sie mich mit ihrem Gewicht niederdrückten, mit ihren Krallen mir Wunden zufügten und vorgaben, mir die Wunden zu lecken, aber statt dessen auch noch gefühllos Essig hineinschütteten, bis ich total erschöpft und verzweifelt von selbst am Boden liegen blieb. Versuchte ich mich zu erheben, fehlte nicht mehr viel, um mich wieder ganz und gar auf den Boden zu werfen. Irgendwann blieb ich einfach liegen.

Aber auf Amrum sprach meine Seele zu meinem Geist: „Steh endlich auf. Lass dich nicht immer von Ungerechtigkeit und Egoismus anderer Menschen gängeln, drängen, verletzen, foltern, demütigen, vergewaltigen. Auch nicht von deinen Ängsten. Steh endlich auf, erhebe dich. Schau den Ängsten in die Augen und bleib stehen. Bleib einfach nur stehen. Lass dich vom Sturm des Lebens bewegen, aber lass dich nicht mehr brechen. Denn der Weg führt aus dem Licht in die Dunkelheit und wieder in das Licht. Und die Zeit der Dunkelheit ist jetzt vorbei. Erkenne das Leben in dir selbst und folge dem Licht. Steh endlich auf!"

Ja, das war es. Ich muss für mich endlich Partei ergreifen. Ich muss das „Fieberchen" in den Fieber verwandeln. Ich muss für mich einstehen und endlich wieder aufstehen. Ja, das ist es, das magische Wort: aufstehen!

Von meinen schwierigen Erfahrungen in den Zeiten meiner Abhängigkeiten und den Kämpfen mit meinen Ängsten und Gefühlen, die ich vor diesem seltsamen Erlebnis auf Amrum hatte, möchte ich allen interessierten Seelen auf den folgenden Seiten erzählen.

Der biographische erste Teil

Am Anfang war die Angst

Des Menschen Seele gleicht dem Wasser. Vom Himmel kommt es, zum Himmel steigt es, und wieder nieder zur Erde muss es, ewig wechselnd. (Johann Wolfgang von Goethe)

Es war einmal irgendwo im unendlichen Universum am Rande eines Spiralarmes irgendeiner Galaxie. Dort zwischen Billionen von Sternen und Planeten schimmerte es wunderschön blau. Zoom. Planet Erde. Europa. Deutschland. Hessen. Darmstadt. Städtisches Krankenhaus. 15. März 1969. 19.05 Uhr. Martin Fieber war geboren.

Meine Mutter muss froh gewesen sein, nachdem ich endlich das Licht dieser Welt erblickt hatte. Tagelang lag sie in irgendeinem anonymen Kellerraum, vergessen und fast verloren, und wartete auf die Erlösung ihres großen Schmerzes. Aber ich wollte und wollte nicht kommen. Eine ganze Woche war ich überfällig. Ich hatte wohl Angst. Ich hatte Angst vor meinem Schicksal, vor dem, was mich in dieser Welt alles erwartete. Ich weiß aus meinem innersten Wesen heraus, dass ich schon ungefähr fünfzehn Jahre früher hätte inkarnieren sollen. Die Angst hielt mich davon ab. An diesem Samstagabend aber war es schließlich soweit. Meine Seele musste doch in ihren 52 Zentimeter großen Körper hinein, sie musste fast verzweifeln. Panik. Ich glaube, ich wollte irgendwie nicht geboren werden. Jetzt bin ich 128 Zentimeter größer, über dreißig Jahre älter und um viele Ängste leichter.

Warum bin ich hier?

Ich wollte Milch und bekam die Flasche,
ich wollte Eltern und bekam Spielzeug,
ich wollte reden und bekam ein Buch,
ich wollte lernen und bekam Zeugnisse,
ich wollte denken und bekam Wissen,
ich wollte einen Überblick und bekam Einblick,
ich wollte frei sein und bekam Disziplin,
ich wollte Liebe und bekam Moral,
ich wollte einen Beruf und bekam einen Job,
ich wollte Glück und bekam Geld,
ich wollte Freiheit und bekam ein Auto,
ich wollte einen Sinn und bekam eine Karriere,
ich wollte Hoffnung und bekam Angst,
ich wollte ändern und erhielt Mitleid,
ich wollte leben ...
(Gedicht eines Abiturienten)

Bis zu meinem 25. Lebensjahr führte ich ein ‚normales' irdisches Leben. Ich bekam eine Schultüte, war leidenschaftlich Kapitän in meiner Fußballmannschaft, spielte leidenschaftslos Klavier, sammelte Altpapier in meiner Nachbarschaft, hatte meistens einen Dreierschnitt in der Schule, diente nach dem Abitur in einem kalten, verregneten Dorf in Oberhessen meinem Geburtsland, trat aus der Kirche aus, machte eine Industriekaufmannslehre in meiner Geburtsstadt. Und hätte ich nicht vor ungefähr sechs Jahren gekündigt, würde ich dort auf meine Pensionierung warten. Meine Seele wäre längst verödet auf der Strecke geblieben. Aber zum Glück fügte es das göttliche Geschick, dass meine Öde im Leben in Form von Reiki mein Leben verschönerte.

Aber bevor ich von meinem neuen Leben erzähle, möchte ich kurz ein Ereignis aus meiner Kindheit schildern, das mich prägte und wahrscheinlich so passieren musste, damit ich die

Erfahrungen lernen kann, die ich mir vor meiner Geburt ausgesucht hatte.

Dieses Erlebnis hatte ich ganz aus meinem Bewusstsein verdrängt. Damals war ich drei Jahre alt. Ein Junge aus meiner Nachbarschaft kam auf mich zu und stieß mich ohne Grund vor die Brust. Ich fiel auf den Hinterkopf und fing von diesem Moment an zu stottern. Nur ganz wenige Worte bekam ich danach ohne Stottern heraus. Dies hatte zur Folge, dass ich mich in meiner Zurückgezogenheit noch mehr in mich zurückzog. Mein vermeintlicher Minderwert sprengte alle Grenzen und ich wurde feige, ich wurde unterwürfig. Somit hatte ich noch mehr Angst, obwohl ich schon mit diesen Gefühlen auf der Erde angekommen war. Ich hatte noch mehr Angst vor Menschen. Die Angst hatte nun vollends mein Leben fest im Griff. Angst, grundlos von anderen Menschen umgestoßen und verletzt zu werden. Das Stottern verschwand zwei Jahrzehnte später. Die Angst aber blieb. Und meine Seele blieb damals auf dem Boden liegen. Sie hatte Angst, wieder aufzustehen.

Meine schon immer vorhandene Lebensunfähigkeit war wieder aufgebrochen. Ich zog mich wie ein Autist in meine eigene Welt zurück und wollte nie wieder herauskommen. Nie wieder wollte ich meine sichere, aber lebensfeindliche Welt verlassen. Ich fühlte mich wertlos, allein, dumm und ganz klein. Ich war feige, unterwürfig und vegetierte vor mich hin. Und doch wusste ich, dass tief in mir etwas Wunderschönes versteckt liegt. Wo ist es, und welchen Sinn meines Lebens gab mir Gott mit auf diese Erdenreise? Und genau das machte mich noch trauriger, weil ich nicht an dieses Schöne herankam. Ich hatte Angst zu leben, Angst mich zu freuen und Angst, alles falsch zu machen. Ich probierte nichts Neues aus, denn somit konnte auch wenig daneben gehen. So verbrachte ich meine Jugendzeit in meinem selbstgebastelten Gefängnis. Mein Gott, wie viel meines Lebens habe ich verängstigt verschlafen? Es schien mir, als ob meine Seele immer noch auf diesen kalten Pflastersteinen lag, wo mich der Nachbarsjunge umgestoßen hatte.

Am Tor des neuen Lebens

Die schönste und tiefste Rührung, die wir empfinden können, ist das Erfahren des Mystischen. Sie ist der Säer aller wahren Wissenschaft. Wem diese Rührung fremd ist, wer sich nicht länger wundern, nicht länger in verwirrter Ehrfurcht dastehen kann, ist so gut wie tot. (Albert Einstein)

Mit 25 fing mein eigentliches Leben an. Mein Tor in die neue Welt war Reiki. Eine Methode des Handauflegens. An diesem Wochenende, an dem ich Reiki erlernte, hatte ich zum ersten Mal kurz Kontakt zu diesem wunderschönen Etwas in mir. Ein Licht durchflutete mich und mir wurde bewusst: Gott existiert. Ich bin hier auf der Erde, weil ich es so wollte.

An Gott hatte ich immer geglaubt. Aber mehr aus dem Kopf als aus dem Herzen. Ich hatte auch mehr schlecht als recht den Konfirmandenunterricht über mich ergehen lassen, aber ein richtiger Glaube kam nie zum Vorschein. Auch in der Schule im Religionsunterricht war nichts Übersinnliches, Mystisches zu finden, was mich im Innersten meiner Seele anrührte. Dafür ging in meinem Heimatort das Gerücht um, dass mein zuständiger Pfarrer seine Frau betrog. Meine Kirche, so kam es mir immer vor, war eine umgebaute Turnhalle. Kalt, steril, muffig. Ebenso war ich immer traurig darüber gewesen, dass unsere Kirche keinen Kirchturm und keine bunten Fenster hatte. Die Glocken befanden sich in einem fünfzig Meter entfernten Gestell, das den Trägern der Wuppertaler Schwebebahn glich. Und die Fenster hatten die Größe von Möbelhaus-Schaufenstern. Farben gab es in der Kirche nicht. Nirgends war ein Heiliger Geist zu entdecken, so sehr ich mich auch anstrenge. Wie sollte man unter solchen Voraussetzungen nur auf die Idee kommen, Gott zu suchen?

Jetzt weiß ich es. Im Menschen selbst, aber mein Seelsorger hatte es mir nie gesagt. Er sorgte sich um alles andere, aber nicht um meine Seele. Niemals im Konfirmanden-Unterricht hatte ich das Gefühl, dass wir etwas Heiliges berührt hätten, etwas Schönes, das die Seele erleuchtet hätte. Niemals hatte ich die Freude, etwas über die Botschaft von Jesus Christus zu erfahren, es wurde nur gebüffelt.

Alles Lebendige war in diesen Jahren meiner Jugend gestorben. Nein fast alles, denn zum Glück gab es die „Bravo", die mich auf andere Bereiche meines Lebens vorbereitete.

Trotzdem suchte ich nach einem Sinn in meinem Leben. Aber meine Seele fand nichts. Bis eben zu diesem Reiki-Wochenende. Meine Reiki-Lehrerin brachte mir mit ihrer lustigen Art neben Reiki vor allem die Existenz einer Geistigen Welt näher. Die Existenz von Gott. Und sie erzählte andauernd von Wiedergeburt und Karma. Und dass wir eine unsterbliche Seele haben und wir niemals sterben. Damit wurde an diesem Wochenende innerhalb einiger weniger Stunden eine riesige Angst in mir zerstört.

Immer, wenn ich früher auf der Toilette saß (warum mir diese Gefühle immer nur auf der Toilette kamen, ist mir auch schleierhaft, auch wenn ich mir jetzt ein bisschen blöd vorkomme, dies so zu schreiben, aber die Gefühle waren nun mal da), hatte ich das Gefühl, dass ich nur dieses eine Leben habe, diese 70 Jahre, in denen ich gerade hier lebe. Das Universum existierte schon immer und wird auch noch weiter existieren. Aber ich werde in einem riesigen schwarzen Loch unter mir verschwinden. Dieses Loch wird mich einsaugen und innerhalb weniger Sekunden in ein Nichts umwandeln. Ich wäre für immer aus diesem Universum verschwunden. Für immer und ewig? Nein. Jetzt wurde ein Funken in mir entzündet, den ich aber noch nie bemerkt hatte. Ich war am Leben. Und werde immer leben.

Leben. Bisher glaubte ich, jetzt sind wir hier und danach ist alles zu Ende. Mir wurde immer klarer, wie sehr es ein geistiges Leben gibt, nicht nur ein geistiges Weiterleben, sondern auch ein Leben vor diesem hier. Jetzt erst wußte ich, dass es eine geistige Welt gibt, die uns beschützt und dafür sorgt, dass wir unsere Aufgaben, die wir uns für dieses Leben vorgenommen haben, auch erhalten. Jetzt erst verstand ich, dass jeder Mensch einen Schutzengel hat, der uns bei Gefahrensituationen so inspiriert, dass wir gar nicht erst in diese Situation geraten oder dass wir wieder heil daraus hervorgehen. Jeder kann bestimmt viele dieser Momente seines Lebens aufzählen, wie sich Dinge ereignet haben, die an ein kleines „Wunder" grenzen. Ohne zu wissen, wer dahinter steckt. Eine innere Welt tat sich mir auf. Eine ganz dunkle Erinnerung in Form von ganz schwachen Bildern kam an die Oberfläche meines Bewusstseins, wie es in der Welt da „oben", die eigentlich direkt neben uns existiert, so ist. Sehr farbenfroh, sehr ruhig, jeder Wunsch erfüllbar. Viel Zeit. Das eigene Gewissen teilt unserem Geist die guten wie auch die nicht so guten Taten in unserem Leben mit. Wir können im geistigen Reich auf einmal unsere eigenen Gedanken sehen, wir können uns ein Bild machen, dass jeder Gedanke, den wir denken, auch wahrhaft existiert und seinen Empfänger findet. Ob es ein guter oder auch ein hässlicher Gedanke ist. Alles dies war mit total neu – und doch so bekannt.

Jetzt hatte ich das Gefühl, dass sich meine Seele endlich ausbreiten konnte. Ich kaufte mir viele Bücher und immer mehr Welten taten sich mir auf. Ich wollte wissen, wissen, wissen. Ich saugte alles auf, was mir zusagte. Nach einigen Monaten war ich der Meinung, alles zu wissen, worauf es im Leben ankommt. Denkste! Es war in meinem Kopf , aber nicht in mei-

nem Herzen. Und der Weg vom Kopf ins Herz ist der gefährlichste Weg auf der ganzen Welt. Die gefährlichste Reise, die
wir jemals in unserem Leben antreten können.

In den nächsten Jahren sollte ich in eine so tiefe Phase der geistigen Abhängigkeit und Hörigkeit zu einer Frau kommen, wie
ich es mir nie hätte träumen lassen. Trotz dieses ganzen Wis-
sens. Nur sehr knapp sollte ich dem Tod entrinnen.

Meine Reise beginnt

*Diejenigen, die niemals ihre eigenen Abgründe und die Dunkelheit ihres
eigenen Herzens erlebt haben, werden niemals das Licht suchen.*
(Verfasser unbekannt)

Nach dem Reiki-Seminar und der ganzen Literatur, die ich me-
terweise verschlang, kam der Zeitpunkt, an dem ich in Kontakt
zu einem sehr guten parapsychologischen Forschungskreis
kam, bei dem es halbjährlich die Möglichkeit für Gäste gibt,
allgemeine und persönliche Fragen von der Geistigen Welt
durch einen Mittler oder ein Medium beantwortet zu bekommen. Zu solch einem Treffen war ich eingeladen. Und dort traf
ich sie zum ersten Mal. Bärbel. Ihr Äußeres könnte man mit
aufgetakelt beschreiben. Dickes Make-up auf ihrem schnee-
weißen Gesicht und kitschige Gewänder verdeckten ihre Echt-
heit. Das einzige, das damals noch lebte, waren ihre Augen.
Und die waren fast verloren. Leider sollten ihr durch ihre fas-
zinierende Ausstrahlung noch viele blauäugige Menschen aus-
geliefert sein.

Das Geistwesen, das sich in diesem Forschungskreis über das
Medium meldete, schlug vor, dass Bärbel und ich uns regelmä-
ßig treffen sollten, um uns besser kennen zu lernen, da wir uns

gemeinsam in diesem Leben etwas vorgenommen hätten. Der eine Teil in mir, der mit Bärbel irgendwie nichts zu tun haben wollte, brach zusammen. Der andere Teil sagte, jetzt wird dein Leben nicht mehr so sein, wie es bis vor einer Stunde noch war. Endlich hast du den Lebenslehrer gefunden, den du immer suchtest. Hätte ich auf mein Gefühl gehört, dass ich nichts mit dieser Frau zu tun haben möchte, wäre mir einiges erspart geblieben. Aber mein Leben sollte so verlaufen, wie ich es brauchte.

Wie ich jetzt weiß, zum Glück. Denn diese Frau war der beste Prüfstein für mein Leben. Ich konnte lernen, mich aus der Feigheit zu befreien. „Lerne aufzustehen, Martin", sang der Englein Chor. Doch Martin hörte damals noch nichts.

Bärbel war genau das Gegenteil von mir. Sie hatte zuviel von dem Mut, den ich nicht hatte. Sie war hochmütig, ich unterwürfig. Sie war von sich eingenommen, dominant und nicht fähig, eine andere Meinung neben der ihren zu akzeptieren. Ich gab meiner Meinung und meinen Gefühlen keinen Wert. Zündstoff pur. Sie die beherrschende, kalte Powerfrau. Ich der kleine dumme Grünschnabel. Sie war ein Vampir und saugte mich total aus. Und ich konnte mich nicht wehren. Ich hatte es nie gelernt und wusste gar nicht, dass ich mich wehren darf. Schlechte Karten also.

Hhmmm, ... Bärbel und ich sollten uns also kennen lernen. Ich fuhr jedes zweite Wochenende zu ihr und ging bei ihr in eine Art Geistheiler-Schule. Etwas über das Wirken der geistigen Kräfte zu lernen und gewisse hellseherische Fähigkeiten zu entwickeln war genau das, was ich immer gesucht hatte. Da ich mit meinem Leben nicht zurecht kam, war eine Hellseherin und Fragenbeantworterin für mich nun wohl an der Zeit. Sie machte viele Übungen mit mir, bei denen mir auffiel, dass ich anfänglich auch einiges lernte. Und das überzeugte mich. Ich war glücklich.

Ihr Wissen überzeugte mich. Sie hatte auf alles eine Antwort. Das beeindruckte mich. Ich begann sie als Halbgöttin zu verehren. Stellte ich eine Frage, von denen ich Tausende hatte, wusste sie immer eine Antwort. Nie war sie überfragt. Nie im Zweifel. Immer schmückte sie eine Erklärung mit einer kleinen Geschichte aus. Ich hatte eine vollkommene Lehrerin.

Heute würde ich sagen: „Achtung. Böse Falle. Sei vorsichtig bei Ich-hab-auf-alles-eine-Antwort-Leuten." Aber damals war ich nun mal das kleine „Fieberchen", das Bärbels Intelligenz und Auffassungsgabe immer wieder aufs neue beeindruckten. Sie stand mitten im Leben, ich am Rand. Bärbel, meine Halbgöttin in Weiß.

Gedanklicher Fanatismus

Wir sehen die Welt nicht so, wie sie ist, sondern wie wir sind. (Anais Nin)

Es kam dann die Zeit, dass ich meinen guten Job kündigte und immer wochenweise zu Bärbel fuhr, um mehr Zeit für meine geistige ‚Schulung' zu haben. Meine damalige Tätigkeit - ich arbeitete in einer Pharmafirma und war für die Zeitung der Außendienstmitarbeiter zuständig - gefiel mir auch nicht mehr. Der Termindruck ging mir sehr an die Nerven. Vor allem sank meine Motivation radikal, als ich erfuhr, aus welchen Gründen viele Ärzte die chemischen Pillen verschrieben. Ich war zur Ausbildung einige Wochen mit Außendienstmitarbeitern bei Ärzten in Deutschland unterwegs. Was ich da so mit ansehen musste, wie die Ärzte und die Pharmavertreter verhandelten, schockte mich. Niemals hätte ich gedacht, dass die meisten

Ärzte ihren Patienten chemische Keulen verschreiben und zu Hause homöopathische Mittelchen nehmen. Ich konnte dies mit meinem eigenen Gewissen nicht mehr vereinbaren. Ich kündigte. Das war er. Der erste Moment in meinem Leben, in dem ich wirklichen Mut besaß und bewusst eine etwas schwierigere Entscheidung traf.

Schließlich zog ich von Darmstadt in Bärbels Nähe, nach Herford. Einen super bezahlten Job zu kündigen, umzuziehen und ins Nichts zu springen, war nicht einfach. Ich war arbeitslos und hatte auf einmal Zeit.

Mehr Zeit, um mich zu finden. Aber ich verlor mich immer mehr. Bärbel wurde immer strenger und kälter, was mir aber nicht auffiel, da ihre Veränderung übergangslos vonstatten ging. Immer mehr verlor ich den Bezug zur Realität. Sie erzählte mir weiter über das Wesen der Geistigen Welt, über Leben auf anderen Planeten. Wir philosophierten. Und philosophierten. Manchmal Tage und Nächte. Und ich wollte immer ‚spiritueller‘ werden. Immer besonderer. Immer mehr Wissen aufnehmen. Und bekam nicht mit, dass ich absolut abdriftete in dunkle Sphären, die mich fast bis zum Wahnsinn trieben. Ich fühlte mich auserwählt, an der Seite einer so ‚weisen‘ Frau zu lernen und teilweise mit ihr essen zu dürfen. Ich war stolz, als ihr Schüler zu gelten. Ich lernte, auf gewisse Symbole im täglichen Leben zu achten. Auf Kleinigkeiten, die geschahen, die Menschen sagten oder taten. So gesehen nichts Verwerfliches, aber bald schon wollte ich in jedem Hundegebell ein göttliches Zeichen sehen. Eine Krähe flog über das Haus. Was soll das nun schon wieder? Die Badezimmertür knackte. Was bedeutet dies? Ein Kind streckte mir die Zunge heraus. Und das? Ich könnte unzählige solcher Dinge schildern und Fragen aufzählen, die mir durch den Kopf gingen. Mein Denkapparat musste immer mehr arbeiten. Ich kam einfach in mir immer weniger zur Ruhe. Und geriet immer mehr in einen gedanklichen Fanatismus.

Es war bestimmt schwer für meine Eltern und für meine Freunde mitzubekommen, wie ich mich verändert hatte. Allen war klar, dass sich in meinem Leben etwas zum Unguten veränderte, nur mir nicht. Das Verhältnis zu meinen Eltern veränderte sich zum Glück nicht, sie waren, wie ich jetzt weiß, die Stütze, die Pfeiler, die mich die ganze Zeit hindurch im Irdischen trugen. Trotz Meinungsverschiedenheiten änderte es doch an unserer Liebe nichts. Nachdem ich schließlich auch umgezogen war, wurde leider auch der Kontakt zu einigen Freunden geringer oder hörte ganz auf. Nur einige wenige Freundschaften aus meinem bisherigen Leben hielten manche Zerreißprobe aus. Aber das Verständnis und die Toleranz waren zum Glück stärker als jeglicher Fanatismus oder Andersartigkeit.

Wie gesagt, ich hatte gekündigt, hatte in Herford eine Bruchbude, vielmehr ein Loch bezogen, und war in diesen Monaten ohne feste Arbeit. Das einzige selbstständige, das ich machte, war mir ein altes Fahrrad zu kaufen – damals hatte ich noch kein Auto – und radelte jeden Tag zu meiner großen Lehrerin.

Meine Höllenzeit

Der Teufel will, dass du dich vor ihm niederkniest; Gott möchte, dass du aufrecht stehst und ihm in die Augen schaust. (Verfasser unbekannt)

Bärbel war inzwischen so in ihrem Hochmut gefangen, dass sie es schon lange nicht mehr nötig hatte, zu arbeiten und sich schließlich von mir aushalten ließ. Ich war ihr Schüler und hatte für meine Meisterin zu sorgen. Sie sah sich als eine hohe auserwählte Seele. Dies ging so weit, dass sie schon bald einen anderen Namen annahm. Einen sogenannten Missionsnamen, den man hier auf dieser Erde bräuchte, wenn man von einem anderen Planeten abstamme und hier eine „Ich-rette-die-Erde"-Aufgabe zu erledigen habe.

Leider nahm ich damals ebenfalls einen anderen Namen an und verfiel auch in diesen Auserwähltheitswahn. Mein Minderwertigkeitsgefühl, zu kurz zu kommen und übersehen zu werden, waren noch zu groß und dies ließ mich noch tiefer in diesen starken Bann geraten. Jetzt wusste ich, warum ich mich auf dieser Erde nicht so wohl fühle. Ich stamme schließlich von einem anderen Planeten. Ich war mein ganzes Leben anders. Ich fühlte mich anders. Aber jetzt hatte ich meine Erklärung.

Der Zeitpunkt, an dem wir neue Namen angenommen hatten, war der Zeitpunkt, an dem die ganze Situation entscheidend ins Negative abrutschte. Meinen schönen Vornamen legte ich ab. Martin, den Krieger, gab es nicht mehr. Meine eigentliche Persönlichkeit verschwand vollends. Ich konnte nicht mehr kämpfen. (Mein Pseudoname lautete übrigens ‚Cynar', was bekanntlich ein Artischockenschnaps ist. Genau zu dieser Zeit fand ich in einer Zeitschrift eine Werbung mit dem Titel: „Jetzt ist Zeit für Cynar." Das war wieder ein solches Zeichen und der Beweis für mich, dass ich jetzt auch diesen Namen tragen darf. Hätte ich doch von diesem ein oder zwei Gläser getrunken, vielleicht wäre ich dann aufgewacht.)

Bärbel ging dann im Laufe der nächsten neun Monate soweit, dass sie der Auffassung war, dass sie die Mutter von Jesus Christus war. Oder ist. Mutter Maria. „Das glaube ich nicht", war mein letztes Aufbäumen, „warum nicht?" meine seelische Resignation. Leider siegte letztere und mein Weg ging dann unaufhaltsam bergab. Dinge passierten, die mich in meinen selbstmörderischen Gedanken, ich sei ein armer Sünder, der weit von seinem Schicksalsweg abgekommen ist, bestärkten. Und nur Bärbel konnte mir helfen. Sie war der Meinung, mein Leid und teilweise das Leid der Welt zu tragen. Als Mutter Maria. Für mich armen kleinen Sünder. Ich war ein Gefangener in einem muffigen Kerker. Ich war das Insekt in einem Spinnennetz und die Spinne wollte mich verspeisen.

Meine Abhängigkeit spielte sich rein in den Gedanken ab. Der Martin von damals wollte zu allen Menschen immer Liebkind sein. Er wollte immer gemocht werden. Nie sollte ein Mensch schlecht von Martin reden oder denken. Leider verstand ich nicht, dass dies absolut unmöglich ist. Mein Motto war: ‚Mit Menschen muss ich unter allen Umständen gut auskommen. Im Zweifelsfall nehme ich mich zurück.' Und dieser Mechanismus war in mich eingebrannt. Ich wollte Bärbel alles recht machen und nahm mich immer mehr zurück. Das ging soweit, dass ich mich geistig schlagen ließ und mich auch noch für sie freute, dass sie mir wehtun konnte. Spiritueller Sadomasochismus.

Zwei Jahre sollte ich in Bärbels Bann gefangen sein. Und die ganze Zeit – dem göttlichen Geschick sei wieder gedankt - war es nur eine rein geistige, platonische Lehrer-Schüler Be-ziehung. Sie zog immer an der Schlinge, die um meinem Hals lag. Und ich bekam immer weniger Luft zum Atmen und musste immer in ihre Richtung gehen, wo auch immer sie mich hinzog. Ich verlor viel Geld und fast auch meine Seele. Zum Glück gingen wir in dieser Zeit oft spazieren und viel essen, denn die Luft und diese deftige irdische Nahrung war für mich überlebenswichtig. Ich aß wie ein Scheunendrescher und nahm trotzdem innerhalb von knapp vier Monaten 14 Kilogramm ab. Den alten Martin Fieber gab es nicht mehr. Ich war ausgemergelt, kraftlos, bleich und verlernte das Lachen. Ich war ein anderer Mann geworden. Von einer fremden Macht besetzt. War ich, als ich Bärbel kennen lernte, devot, so war ich jetzt ein versklavtes, kleines Etwas. So unterwürfig und feige, dass ich sogar aus Angst Spaß daran hatte, mich selbst zu erniedrigen, nur um Bärbel, nein, sie war ja mittlerweile zu ‚Mutter Maria‘ aufgestiegen, einen Gefallen zu tun und mir somit scheinbar ihre Liebe erkämpfte. Bärbel, die ‚göttliche Mutter‘, wurde ein Barbar. Ihre Ausstrahlung wurde härter, wurde männlicher, die Augenfarbe veränderte sich, sie wurden schwarz. Sie wurde absolut bestimmend, tyrannisch. Nein, sie wurde dämonisch.

Unsere beiden Verhaltensweisen in diesem Bann kann ich nur mit einer Besetzung von fremden Seelen erklären. Wir hatten uns mit geistigen Energien beschäftigt, kannten lebensnotwendige Schutzmaßnahmen nicht oder wendeten sie nicht an. Die Geister, die wir riefen, wurden wir schließlich nicht mehr los. Wir unterschätzten die negative Welt und ihre Kräfte, die von so vielen Menschen als nicht existent abgetan werden. Wir wussten von jenseitigen Wesen, die es lieben, auf unsere Gedanken zu reagieren und Schwächen von Menschen zu nutzen und mit ihnen zu spielen. Diese Wesen denken auch immer negativer und ziehen damit noch mehr negative Wesen an, die noch mehr den Menschen schaden wollen. Und so fort. Schließlich wurden wir zum Spielball jenseitiger, erdgebundener Seelen. Nur aufgrund unseren Gedanken. Wie gesagt, wir handelten absolut fahrlässig. Bärbel sonnte sich in ihrer göttlichen Vollkommenheit. Und ich dagegen ließ mich später mit Adolf Hitler und sogar Luzifer betiteln. Aber alles der Reihe nach.

Es geht noch tiefer in die Finsternis

Wenn der Weise mit dem Finger auf die Sterne zeigt, sieht der Dumme nur den Finger. (Verfasser unbekannt)

Ja, Sie haben eben gerade richtig gelesen. Ich glaubte ab einem gewissen Zeitpunkt, ich sei im vorigen Leben Adolf Hitler gewesen. Und meine Seele ist Luzifer. Es fällt mir schwer, ich komme mir teilweise auch immer noch saublöd vor, das Vergangene zu beschreiben, aber ich muss es tun. Ich habe es mir versprochen.

Wie kam es dazu? Einige Monate war ich nun schon in diesem Bann gefangen, in dem ich jedes Realitätsempfinden verlor. Ganz langsam rutschte ich in eine Scheinwelt ab. Ich war der Schüler von Mutter Maria, und sie trug mein Leid. Es gab Tage, da schlug sie minutenlang ihren Kopf gegen die Wand, zerschnitt ihre Arme mit einem Messer und sagte mir, das seien meine Schmerzen, die sie für mich trägt und umwandelt, da ich für sehr viel Böses in der Welt verantwortlich sei, und ich meine ganzen dämonischen Taten einfach nicht einsehen wolle. In diesen Momenten, wenn der Barbar so mit mir sprach, explodierte immer eine Bombe in mir. Meine Seele zerriss es in Stücke. Ich konnte mit diesen Vorgängen nicht umgehen. Ganz versteckt waren immer Zweifel da, sie waren aber viel zu schwach, um in mein Tagesbewusstsein zu dringen.

Dann kam der Tag, an dem ich mich auf dem Hannoveraner Bahnhof befand. Ich wartete auf den Anschlusszug, aß eine Käsestulle und schaute gedankenverloren in die Menschenmenge. Plötzlich lief ein Mann in einem weinroten Anzug an mir vorbei. Irgendetwas war komisch an ihm, dachte ich. Er drehte sich abrupt um, schaute mich an und ging weiter, bis er um die Ecke verschwunden war. Fassungslosigkeit überwältigte mich. Es war Adolf Hitler. Er war genauso klein, hatte diesen blöden Scheitel und den noch blöderen Schnauz. Es war Adolf Hitler. Ich musste mich kneifen. Nein, ich träumte nicht.

Ich ging ihm hinterher, aber als ich um die Ecke schaute, war er weg. Und da war keine Tür oder der Aufgang zum Bahnsteig, wo er hätte verschwinden können. Er war einfach weg. Ich erzählte dieses Erlebnis Bärbel. Ihre Antwort war: „Jetzt ist mir alles klar." Dazu kam noch, dass ich in der darauffolgenden Nacht zwei Träume hatte: Zum einen lag ein Schäferhund bei meinen Füßen (Hitler liebte seinen Schäferhund über alles). Zum anderen befand ich mich an einer Kriegsfront und stand befehlend hinter den Soldaten. Für Bärbel, den Barbaren, kein Zweifel: Ich muss Hitler gewesen sein. Und ich hatte, wie schon gesagt, Spaß daran, mich auf unmenschliche Art zu erniedrigen und meinem Peiniger damit auch noch eine Freude zu machen. Ich glaubte es und war froh, dass jetzt mein Aufstieg aus dem Schlund der Hölle ins Licht begann. Denn irgendwie konnte ich es nicht glauben, dass es jetzt noch schlimmer werden konnte.

Adolf Hitler. Jetzt wusste ich scheinbar, wer ich war. Aber es kam noch schlimmer. Irgendwann lud mich Bärbel von meinem Erspartem zum Kaffeetrinken ein. Wir gingen wie immer in unser Stammcafé um die Ecke. Sie sprach erst über dies und jenes, bis sie mir sagte, dass sie mir etwas übermitteln müsse. Sie erzählte, dass sie Bücher über Hitler gelesen und viel geforscht habe. Schließlich fragte sie mich, was ich glaubte, welche Seele ich wohl sei? Ich, die Seele, die Judas und Hitler war. Ich vergaß ganz zu erzählen, dass ich ca. 2000 Jahre früher auch Judas war, der bekannteste Verräter der Menschheitsgeschichte. Ich wusste nicht, worauf sie hinauswollte, bis sie den Begriff des Antichristen immer öfter in den Mund nahm. Ah ja, Luzifer. Dann erst registrierte ich, dass ich gemeint war. Adolf Hitler und Judas. Und Luzifer. Meine Seele schrie: „Um Himmelswillen. Das glaube ich wirklich nicht". Aber der Bann war größer. Ich wollte ihr wieder eine Freude bereiten, sagte „Ja, jetzt verstehe ich alles." Und somit war ich Satan, Luzifer, Beelzebub, der Antichrist, Herr der Finsternis, Widersacher Gottes, Baphomet, Teufel, Azrael und noch viele mehr. Ich, der kleine Martin Fieber, der in einer mittelgroßen hessischen Stadt geboren wurde, der jahrelang stotterte, der Mitglied im CVJM war und kaum in der Schule nachsitzen musste?

Nun eine kleine Geschichte, damit Sie einen greifbaren Eindruck bekommen, wie das damals so bei uns ablief. Von außen an den Haaren herbeigezogen, für Bärbel, den Barbaren, war sie aber Beweisstück Nummer 3 dafür, dass ich wirklich Luzifer sei. Als Hintergrund müssen Sie noch wissen, dass Jesus Christus und Luzifer vor langer, langer Zeit sich liebende Brüder waren und durch den Willen von Luzifer, Jesus Christus übertrumpfen und Gott gleich sein zu wollen, den Fall von Luzifer aus dem göttlichen Haus nach sich zog. Wie es in der Bibel und anderen Quellen sehr oft beschrieben wird.
Die Geschichte spielte sich beim Faschingsball meines Tanzkurses ab. Damals war ich 17 Jahre und ging mit einigen Schulkollegen zum Tanzen. Zum Abschluss gab es noch einen Kostümwettbewerb. Und da meine ohne Absicht zusammengestellte Verkleidung die anderen so entzückte, meldete ich mich schließlich widerwillig bei der Jury. Neben mir waren noch neun andere Verkleidungen zu bewerten. Ich nannte meine Verkleidung „Crazy Man", da mir keine andere Bezeichnung für meine Rastalocken, meine Sonnenbrille, mein kurzes kleidartiges T-Shirt und meine Tights einfiel. Gut. Auf jeden Fall wurde ich zum Abschluss auf den zweiten Platz gewählt. Erster wurde der Junge, der neben mir stand. Und dessen Vorbild war Jesus Christus. Seine Verkleidung sollte Jesus Christus darstellen. Soweit die Geschichte. Aber Bärbel, der Barbar, machte daraus, dass Luzifer, also ich, niemals über Jesus Christus triumphieren kann. Somit wären wir wieder beim Anfang der Geschichte, beim geistigen Fall Luzifers. Solch eine irgendwie

schöne Begebenheit aus meiner Kindheit, die wirklich nichts mit meinen höllischen Erfahrungen zu tun hatte, wurde von der negativen Welt wieder über die Gedanken von Bärbel in die Realität hineinmanifestiert. (Ich gewann übrigens solch einen großen Metalleimer, den man als Stuhl und als Papierkorb nutzen konnte.)

Ich, der kleine Martin Fieber, der sich so sehr über seinen zweiten Platz bei diesem Kostümwettbewerb freute, weil er früher immer zu schüchtern war, um zu solchen Tanzveranstaltungen zu gehen, soll der Satan, der Widersacher Gottes sein, der Jesus Christus in der Wüste zigmal versucht hatte?

Erste Zweifel

Der Schmerz ist der große Lehrer der Menschen. Unter seinem Hauche entfalten sich die Seelen. (Marie von Ebner-Eschenbach)

Ein paar Tage nach diesem Gespräch mit Bärbel dem Barbaren in unserem Stammcafé traten die ersten größeren Zweifel auf. Endlich, möchte ich jetzt schreiben. Endlich. Erst ganz zart: Warum lächeln dich denn noch die Menschen an, wenn du der Herrscher der Schattenwelt sein sollst? Müssten sie nicht schreiend wegrennen? Und warum waren die Menschen zu Mutter Maria so kalt, wenn sie doch das reinste Wesen im Universum ist? Und vor allem: warum war Mutter Maria so kalt zu den Menschen?
Gott sei gedankt, es war noch nicht zu spät, als diese ersten Zweifel auftraten. Ein Schutzmechanismus setzte ein. Ab einem gewissen Zeitpunkt überzeugte mich nicht mehr alles, was Bärbel mir so auftischte.

Auch in den tiefsten Abgründen glaubte ich noch an Gott, betete zu ihm. Ich schrie zu ihm aus meiner seelischen Tiefe, weil ich einfach nichts mehr verstand, was in meinem Leben passierte. Endlich kamen die ersten verdrängten Gefühle wieder ans Tageslicht. Angst! Angst! Angst! Angst, weil ich diese starke negative Kraft immer gespürt hatte und ich einfach nur Angst vor dem Barbaren, vor Bärbel und ihrer Bösartigkeit hatte. Einfach nur Angst. Und diese Kraft, mit der ich eine viel zu lange Zeit zu tun hatte, war abgrundtief negativ, war absolut dämonisch, bei vollem Bewusstsein zerstörend. Uneingeschränkt hässlich und hassend. Ähnlich, als wenn man einem Massenmörder gegenübersteht, der gerade mit seinem Schwert ausholt und den Kopf abschlagen möchte. Wie oft hatte ich dieses Bild vor mir.

Folgeerscheinungen blieben nicht aus. Jahrelang hatte ich Schlafstörungen und Albträume. Wie oft wurde ich von dunklen, zähnefletschenden, tollwütigen Kampfhunden angefallen. Hinzu kam das Bettnässen, und das fast jede Nacht. Zudem eine andauernde innere Hast, die mich einfach nicht in eine Ruhe oder Gelassenheit brachte. Seelische Schäden dieses jahrelangen Missbrauchs waren, wie es die Geistige Welt später einmal ausdrückte, nachdem ich wieder in den schon erwähnten Forschungskreis zurückkehrte: Mangelnde Selbstliebe, fehlendes Selbst-Bewusstsein, mangelnde Möglichkeit des Vertrauens, der Freude, positiv gefühlsmäßig zu reagieren. Summasummarum eine totale Lebensunfähigkeit.

Endlich vorbei!

Gott schläft in den Steinen, atmet in den Pflanzen, träumt in den Tieren und wartet in den Menschen auf Sein Erwachen. (Verfasser unbekannt)

Unterdessen zogen meine Eltern nach Bad Salzuflen, ganz in die Nähe von Herford. Ich hatte also neben der Zeit, die ich mit Bärbel verbrachte, jetzt wieder etwas ‚Normales', worum ich mich kümmern konnte. Und diesen Umzug zu organisieren, half mir wiederum, aus diesem Bann herauszukommen. Eines Tages zitierte Bärbel dann meine Mutter in das bekannte Café. Bärbel, der Barbar, sagte ihr, dass sie so schnell wie möglich mit mir, ihrem Sohn, brechen solle, da ich schließlich Luzifer sei. Sie dürfe mit mir keinen Kontakt mehr haben. Meine Mutter kam total verstört nach Hause, behielt zum Glück einen klaren Kopf. Sie erzählte mir alles und die Beleidigungen, die der Barbar ihr an den Kopf geworfen hatte.

Dies war der erste Knall, der mein falsches Sein erschütterte. Ich begann aufzuwachen. Eine unschuldige Frau, und dazu noch meine Mutter, so übel anzumachen? Nein. Ein paar Tage später kam Post. Es waren die Protokolle der Treffen des Forschungskreises. Obwohl ich schon lange nicht mehr die Rechnungen bezahlt hatte, bekam ich sie immer noch zugeschickt. Die Protokolle hatten mich damals schon lange nicht mehr interessiert, da ich vieles in meiner Geistesabwesenheit anzweifelte. Bis zu diesem Tag, als ich das Protokoll eines Treffens in den Händen hielt, das an meinem Geburtstag vor vier Monaten stattgefunden hatte. „Schau doch mal rein", hörte ich eine Art Stimme. „Lies doch mal. Es wäre interessant zu wissen, was an Deinem Geburtstag alles so gesagt wurde." In diesem Protokoll tauchten die Fragen einer mittlerweile guten Freundin auf, die fragte, ob Mutter Maria inkarniert sei. Die Antwort lautete logischerweise: Nein. Und Judas? Auch auf diese Frage antwortete das Geistwesen mit nein. Bumm! Ich fühlte mich, als ob ich einen doppelten K. O.-Schlag von den Klitschko.-Brüdern erhalten hätte. „Dann ist Bärbel nicht .... Und ich bin nicht ..."

Ich brauchte Abstand. Einen Tag. Dann schrieb ich dem Barbaren Bärbel einen Brief, dass etwas nicht mehr stimme. Sie solle auf sich aufpassen. Und ich würde sie vorerst nicht mehr besuchen. Sie könnte sich aber jederzeit melden. Seit diesem Tag im August habe ich keinen Kontakt mehr zu ihr gehabt.

Ich war wieder an meine Seele angekoppelt. Ich traute wieder meinen inneren Gefühlen und Empfindungen.
Wie schön sind diese ganzen Führungen der Geistigen Welt! Was tut Gott über seine Helfer nicht alles, um eine einzige Seele zu retten. Und in diesem ganzen geschilderten Fall ging es um meine. Ich war verloren, aber jetzt bin ich wieder gefunden worden. Genau so, wie es im weltbekannten Lied „Amazing Grace" besungen wurde. Ich war verloren und wurde wiedergefunden und gerettet. Ich war blind, doch kann ich wieder sehen. Und dann hatte ich genau dieses Lied in meiner Wohnung aufgelegt, hatte lauthals am Abend, als ich Bärbel den Abschiedsbrief geschrieben hatte, dieses Lied gesungen. Und genau in dem Moment, als das Lied vorbei war, als ich aufgehört hatte, zu singen, - ja, ich sang wieder - flog eine Sternschnuppe am nächtlichen Himmel vorbei. Und was für eine große Sternschnuppe. Und dass sie aufwärts flog, fiel mir an diesem Abend gar nicht auf. Was für ein heiliger Moment. Ich war gerettet. Diese ‚Sternschnuppe' war der Segen Gottes, der meine Erfahrungen der letzten Jahre heilte und liebevoll über meine Wunden strich.

Die Erkenntnisse

Man kann das Leben nur rückwärts verstehen, aber leben muss man es vorwärts. (Sören Kierkegaard)

Das Schlimmste nach dieser Zeit war die Erkenntnis, was ich alles habe mit mir machen lassen. Dann kam eine Zeit, in der ich einen solchen Zorn auf mich bekam, wie gering meine Selbstliebe und meine eigene Würde gewesen war. Niemand sonst hätte sich als Luzifer betiteln lassen und es dann auch noch geglaubt. Niemand auf dieser verflixten Erde. Niiiiieeeeeeemand. Welche entwürdigenden Dinge habe ich mit mir machen lassen! Wie leicht war es, dass meine Seele vergewaltigt wurde! Und auf der anderen Seite wollte ich aber immer noch allen Menschen helfen! Wut und Zorn stiegen in mir auf. Aber ich merkte, dass der Zorn gut war. Denn diese Gefühle zeigten mir, dass ich wieder am Leben war. Es waren Gefühle, Empfindungen. Es war pures Leben. Diese Empfindungen befreiten mich. Es ging mir immer besser, je mehr der Zorn nach außen durfte.

Zwei lange Jahre war ich in diesem tiefen Bann gefangen. Seitdem sind vier Jahre vergangen und erst jetzt merke ich, dass ich durch das Schreiben dieser Zeilen und das damit einhergehende ‚Outen‘ richtig frei werde. Diese ganzen beschriebenen Verletzungen meiner Seele saßen sehr tief, ganz werde ich dieses Grauen und diese tiefen Abgründe nie vergessen. Aber ich habe sie größtenteils verarbeitet. Und ich habe keine weiteren Schäden zurückbehalten. Keine Schäden körperlicher, geistiger oder seelischer Natur. Dies war wahrlich ein kleines Wunder, dass ich aus dieser Dunkelheit zurück ins Licht finden durfte.

Welche Lehren zog ich aus dieser Zeit? Hätte ich alle Einzelheiten erzählt, wäre das Buch dicker geworden als die Bibel.

Aber ich habe auch viel gelernt. Am wichtigsten ist es, dass, so paradox es auch klingt, alles zu meinem Besten geschah. Mittlerweile sind viele Früchte an meinem Baum der Erkenntnis gereift. Mir ist bewusst geworden, wie wichtig der Glaube an mich selbst ist. An meine ureigenste Seelenkraft. An meine Ideale zu glauben. Mein Leben zu leben und wenn ich Fehler mache, dann meine eigenen. Und nicht ein fremdes Leben leben mit fremden Fehlern. Ich weiß jetzt, wie wichtig es ist, aufzustehen. Sich aus einer Unterdrückung, in welchen Bereichen des Lebens auch immer, zu befreien. Immer mehr aufzustehen. Es ist nicht schlimm hinzufallen, aber es ist ein großer Fehler, liegen zu bleiben.

Mir ist bewusst geworden, wie wichtig Gebete sind und dass sie wirken. Ich habe in diesen Jahren vieles nicht verstanden, aber ich habe immer weiter gebetet. Ich habe erfahren, dass Gebete die stärkste Kraft im Universum sind. Wie stark ich verloren war, ist tragisch. Aber unter welchen ungewöhnlichen und schönen, ja göttlichen, Umständen ich durch die Geistige Welt gerettet worden bin, ist umso schöner. Dies zeigte mir unübersehbar, dass Gebete, die aus der Seele kommen, nie im Leben umsonst sind und immer wirken. Stehen wir auf und sind achtsam, können wir einen deutlichen Schimmer des Göttlichen erhaschen, wenn der Zeitpunkt eingetreten ist, dass sich die Wünsche in unseren Gebeten erfüllen. Und diesen Zeitpunkt bestimmen nicht wir, sondern Gott.

Das ist ja das Seltsame, wenn man aus einem langen dunklen Tunnel wieder hinaus ins Licht tritt, dass einem dann das Leben, die Farben, das Licht viel schöner vorkommen, als vorher. Wir brauchen wohl wirklich das Leid und den Schmerz, um die Liebe und den Frieden in der Welt zu erkennen. Und das scheint der Grund dafür zu sein, dass wir auf diesen Planeten Erde gelangt sind, wo es viel von beidem gibt. Viel Leid, viel Schmerz, aber auch viel Liebe und Frieden. Leider ist unser

Horizont sehr gering, deshalb entzieht sich Gott unserem Sichtfeld. Aber dieser Schimmer des Göttlichen, den man in den besonderen Zeiten des Lebens erfährt, ist es wert zu leben.

Meine Seele wusste alles schon Jahre früher

Dem Unausweichlichen auszuweichen, das Unabwendbare abzuwenden hieße, das abgefallene Blatt wieder an den Baum zu nageln. (aus China)

Ein Wunder! Ein unfassbares Wunder! Immer und immer wieder denke ich an diese Jahre zurück und kann es nur schwer fassen, aus dieser Hölle herausgefunden zu haben, denn es gibt Millionen Menschen, die in ihrem eigenen Gefängnis eingesperrt sind und sich (noch) nicht daraus befreien können. Ich saß in meinem Gefängnis, ein anderer sitzt in Sing-Sing, und wieder eine andere ist in ihrer tyrannischen Ehe eingesperrt. Suchen wir unser Leben so aus, wie es abläuft? Wählen wir unsere Erfahrungen und Geschehnisse im Leben selbst aus?

Ein Beispiel aus meinem Leben möchte ich nachfolgend schildern, das zeigt, dass man eindeutig auf die Fragen mit Ja antworten kann.

Mein großes Hobby war die Anfertigung von Papiercollagen. Ich schnitt leidenschaftlich gern Motive aus und stellte sie anschließend neu zusammen. Unter den vielen Collagen, die ich seit meiner Jugend herstellte, gab es eine aus dem Jahre 1992, also drei Jahre, bevor ich Bärbel kennen lernte, die eine Frau in einem Spinnennetz darstellt und einen Mann, der fast tot und ohne Kleidung in ihrer Nähe liegt. Die Frau hatte einen gelben Ganzkörperanzug an, der nur ihre Augen zeigt. Nicht einmal ein Haar oder ein Finger war von ihr zu sehen. Nur ihre Augen. Genau wie Bärbel. Hinter ihren ach so schönen Gewändern, ihrem dicken Make-up und ihren ganzen anderen Masken, waren immer nur ihre Augen zu sehen. Der ‚Hauptdarsteller‘ in diesem Werk war für mich aber immer der Mann. Die Lebensgeschichte des Mannes. Den Titel, den ich dem Bild gab, war: ‚Gefangen‘. Ganz klar, meine Seele wusste schon vorher, was für eine dramatische Zeit ihr bevorstand. (Oder erinnern Sie sich an das Lied von Christian Anders „Es fährt ein Zug nach nirgendwo“? Sein Zug fuhr wirklich nach nirgendwo).

Nachdem mir aber bewusst wurde, dass diese Collage „Gefangen“ immer wieder ein Tor ist, um die schrecklichen Erinnerungen hervorzuholen, habe ich sie in einem Feuerritual mit Freunden, aber auch mit Freuden, verbrannt. Die Collage brannte nicht leicht, aber nach zehn langen Minuten war sie weg und ich um einen riesigen Stein erleichtert. Diese Höllenzeit war vorbei. Leider habe ich die richtige Bärbel mit ihren Ängsten und Freuden nie richtig kennen gelernt. Versteckt hinter einer Ganzkörpermaske, zugleich Herrscherin und Gefangene ihres Spinnennetzes.

Nur wenige Male kam es zwischen uns überhaupt zu einem Körperkontakt. Und an einen einzigen Moment kann ich mich erinnern, als ihr Leben eine andere Wendung hätte nehmen können. Und dies war noch relativ am Anfang der zwei Jahre, als sie ihren Kopf auf meine Schulter legte und sagte, es sei alles so schwer. Dies war der einzige Moment in der Zeit, in der ich sie kannte, dass ihre Seele anwesend war. Was wäre geschehen, wenn sie diese Gefühle zugelassen hätte, sich die Fragen gestellt hätte, was so schwer ist? Was wäre geschehen, wenn sie diese Gefühle der Stärke, schwach sein zu dürfen, ausgelebt hätte, und nicht als Schwäche auslegt hätte ...

Leider hatten in dieser Zeit noch einige andere Menschen mit ihr Kontakt, die ziemliche Schädigungen in ihrem Leben durch ihre Art hatten hinnehmen müssen. Nachher, nachdem ich schon etwas länger in Bad Salzuflen wohnte, hörte ich von einem Bekannten, dass eine gute Freundin und ein anderer Bekannter ebenfalls in eine solche Abhängigkeit gerieten, ihre Familien verließen und – leider im wahrsten Sinne des Wortes - in einer Großstadt in der Gosse landeten. Wo sie sich aufhalten, und ob sie noch leben, weiß ich nicht.

Letztens kam eine Kundin in unser Geschäft. Und da es keine Zufälle gibt, kamen wir auch irgendwie auf meine Vergangenheit. Jetzt stellte sich heraus, dass ihre Schwester ebenfalls in den Fängen von Bärbel gelandet war, allerdings Monate nach meiner Höllenzeit. Leider befindet sie sich immer noch in diesem Bann und bekommt ihr Leben nicht in den Griff, obwohl Bärbel mittlerweile schon seit Jahren irgendwo im Süden lebt. Ich möchte nicht daran denken, wie viele andere Menschen einen ähnlichen Weg gegangen sind oder noch gehen ...

Noch etwas zum Nachdenken: Seit dieser Zeit sind mir noch zwei andere Frauen begegnet, die ebenfalls von sich behaupteten, sie seien Mutter Maria. Wenn man dies auf ganz Deutschland hochrechnet, wie viele Mütter Gottes gibt es dann in diesem Land?

Die Existenz einer negativen Welt

Das Negative teilt, Gott fügt zusammen. (Verfasser unbekannt)

Die Zeit mit Bärbel zeigte einen weiteren Bereich meines Lebens, vor dem ich immer meine Augen geschlossen hatte. Die Existenz einer negativen, unsichtbaren Welt. Für mich entsprangen bis zu dieser Zeit alle Handlungen und Worte eines Menschen seinem Geist. Der Mensch selbst war der Ursprung dieser Taten. Was ich aber erst jetzt erahne, ist, wie Mitarbeiter dieser Schattenwelt Menschen auf ihrem eigenen guten Weg behindern, indem sie den Menschen Gedanken einflüstern. Und wenn der Mensch nicht stark genug ist, erliegt er diesen und jenen listigen Gedanken. Und aus diesen Gedanken werden Handlungen. Vieles, was wir denken, was wir wollen, wonach wir streben, kommt nicht aus unserem Geist. Es ist die Neigung eines fremden Geistes, der zwar nicht sichtbar, aber sich umso realer uns mitteilt. Ohne dass wir es merken.

„Rauch noch eine", trink noch ne Pulle", „wenn Du das jetzt klaust, schadet es doch niemandem". „Zahle es dem Kollegen jetzt mal heim." und, und, und. Jeder kennt solche Gedanken. Jeder hat solche Gedanken in irgendeiner Form schon einmal gehabt. Jeder hat schon einmal erlebt, dass man sich bei irgendwelchen zwielichtigen Händlern jetzt in diesem Augenblick für eine Sache entscheiden musste. Oder ein Streit kommt auf. Wegen einer absoluten Lappalie. Man hat ganz abscheuliche Gefühle in sich. Und wenn der Streit vom Tisch ist, oder Gras darüber gewachsen ist, denkt man über diese Sache ganz anders und denkt: „Wie konnte ich wegen eines solchen Pillefix mich mit meinem Freund streiten?" Wenn es ganz schief gegangen ist, wurde die Ehe schon geschieden. Aufgrund einer nicht ganz ausgedrückten Senftube. Glauben Sie wirklich, dass Sie als intelligentes Wesen, sich in Ihrem innersten Seelenkern über eine solche Lappalie aufregen würden?

Die positive geistige Welt macht sich bei uns über die Gefühle bemerkbar. Entweder mit einem unangenehmen Gefühl im Bauch. „Ich sollte jetzt von hier verschwinden", mit einem angstvollen Herzen, das uns einfach nur vermitteln soll. Alles mit der Ruhe. Dieser Ort, oder dieser Mensch, oder diese Situation tut mir nicht gut. Denn Angst und Unwohlsein sind immer Zeichen, dass wir uns schützen sollen. Es ist meistens eine Warnung. Oder die positive geistige Welt macht sich mit einer allumfassenden, begeisternden und ansteckenden Liebe bemerkbar. Es fühlt sich für unsere, der Schönheit zugeneigten Seele, schön und gut an. Und dies ist immer das Zeichen, es ist alles in Ordnung.

Überall auf der Erde halten sich verstorbene Menschen, jetzt Geistwesen auf, die in ihrer geistigen Entwicklung über Gott nicht aufgeklärt wurden, ein zu egoistisches Leben geführt haben und deshalb sich noch in dieser dunklen Sphäre aufhalten. Und diese Wesen beeinträchtigen uns bewusst und unbewusst in unserem Leben. Und diese Wesen machen sich über die Gedanken bei uns bemerkbar. Nur über die Gedanken. Zuerst in Gedanken streiten wir, bis es zu einem richtigen Streit kommt. Zuerst in Gedanken planen wir, eine CD aus dem Geschäft zu klauen, bis es zu dem wahren Diebstahl kommt. Nur in Gedanken regen wir uns über die Kleinigkeiten auf. Nur in Gedanken führen wir Krieg. Niemals aber in unserem wahren Gefühl unserer lebendigen, brennenden Seele.

Leider ändert die Verleugnung des Negativen nicht dessen Existenz. Jeder von uns hat im Leben schon Handlungen anderer Menschen erlebt, die schlichtweg menschenunwürdig sind. Und ich weigere mich zu behaupten, dass Menschen schlecht sind. Ich weigere mich zu glauben, dass in uns solch Böses ist. Wir alle machen Fehler, wir alle verletzen auch ab und zu andere Menschen. Aber wir tun dies nicht bewusst, und wenn doch, dann aus einer Charakterschwäche heraus. Aber nicht aus vollem Bewusstsein. Bewusst zerstört nur die Negativität. Bewusst teilt nur die Negativität Atome, trennt Körper von Seele und Geist oder reißt Menschen auseinander, die zusammengehören.

Noch einmal: Der Krieg wird immer zuerst in Gedanken geführt, bis er irgendwann ausbricht. Niemals aber in unserer unsterblichen Seele. Denn dieses zarte Geschöpf liebt aus dem innersten Feuer heraus immer das wahre Schöne, immer das

Wahrhaftige und Zarte. Niemals könnte unser göttlicher Funke auf die Idee kommen, nach einem Krach dem Nachbarn eine Scheibe einzuschlagen oder noch Schlimmeres auszubrüten.

Eine traurige Geschichte mit tödlichem Ausgang

Menschen treten in unser Leben und begleiten uns eine Weile. Einige bleiben für immer, denn sie hinterlassen ihre Spuren in unseren Herzen. (Flavia)

Ein trauriges Beispiel, wie die Negativität arbeitet, möchte ich hier anführen. Als ich noch in Darmstadt wohnte und gerade Reiki gelernt hatte, war ich bei meiner Reiki-Lehrerin zu Besuch. Sie war Heilpraktikerin und saß, wie so oft, über ihren Patientenkarteikarten und hielt ein Stück Eisen an einer Kette in der Hand. Ein Pendel. Sie klärte mich auf, dass sie mit diesem Pendel schon gute Erfahrungen gemacht habe. Wenn sie zum Beispiel nicht genau wusste, welches homöopathisches Medikament sie einer Patientin geben sollte, fragte sie ihre geistigen Begleiter über dieses Pendel um Rat und es war wohl fast immer zum Guten für den jeweiligen Menschen. Auch an mir hatte sie gute Heilerfolge damit erzielen können.

Irgendwann allerdings beließ sie es nicht mehr damit, nur Fragen über die Medikamente zu stellen. Sie fragte Dinge über andere Menschen, über Probleme in ihrem Leben, über philosophische Themen und, und, und. Ich zog mich schließlich aufgrund einiger Meinungsverschiedenheiten von ihr zurück. An diesen letzten Tagen, als ich noch Kontakt zu ihr hatte, bekam ich mit, wie sie sogar auspendelte, ob sie jetzt zur Toilette gehen sollte oder später. Ich merkte, dass sie abhob, den Boden unter den Füßen verlor. Sie war in einer anderen Welt verschwunden, in der sie meinte, persönlich Botschaften von Jesus

Christus zu bekommen. Wochen vergingen, ohne dass ich wieder von ihr gehört hätte. Bis ich eines Tages von einer Freundin einen Anruf bekam, dass meine Reiki-Lehrerin vermisst werde. Wochen später wurde sie im Rhein gefunden. Tot. Sie hatte sich mit Benzin übergossen und angezündet.

Ich werde in meiner Buchhandlung niemals ein Pendel verkaufen. Ich werde niemals Literatur über dieses Thema anbieten. Das bin ich meiner früheren Freundin schuldig. Mehr kann ich nicht tun, außer diese Erfahrung mit Ihnen hier zu teilen. Ich hoffe, dass nur einer von Ihnen, liebe Leserinnen und Leser, diese Geschichte als Warnung sieht und das Pendel in den Müll schmeißt. Dann wäre der Tod meiner früheren Freundin nicht umsonst gewesen. Auch hier ist nicht das Instrument schlecht, sondern der Gebrauch macht es aus, ob das Pendel Segen bringt oder nicht. Aber das Schlimme am Pendel ist der Verführungsaspekt. Das Pendel verführt viel mehr als andere Hilfsmittel und Anschauungen, seine Eigenverantwortung abzugeben und dem Pendel und den Kräften zu geben, die mit diesem Instrument spielen. Am Anfang stimmen natürlich viele Antworten. Foppwesen schmieren jedem Honig um den Mund. Man ist begeistert über die Antworten. Irgendwann prüft man nicht mehr so genau, da man gewohnt ist, dass alles stimmt. Die Objektivität ist verschwunden. Und schwups, ist man ein Spielball der Negativität geworden.

Was verführt denn nun so sehr am Pendel? Warum wollen so viele Menschen ein Pendel benutzen? Vielleicht die fehlende Geduld, Probleme zu lösen und schnell eine Antwort zu bekommen? Oder die Macht, die man zusammen ‚mit‘ den geistigen Kräften besitzt, die das Pendel bewegen? Oder die Trägheit, keine Lust zu haben, sich über Probleme Gedanken zu machen und dafür aber das Pendel so nebenbei zu fragen, da umgehend eine Antwort kommt? Es gibt bestimmt noch viele andere Gründe. Ich weiß es nicht.

Ein weiteres Erlebnis mit dem Pendel passierte letztens in meinem Geschäft. Eine Frau kam herein und steuerte auf die Steine zu. Sie nahm einen Rosenquarz in die Hand und fragte das Pendel, was dies für ein Stein sei. Das Pendel gab ganz deutlich, nachdem sie einige Steinenamen abgefragte hatte, die Antwort, dass dies ein Jaspis sei. Ich sagte ihr, dass dies nicht stimmt und dass der rosafarbene Quarz, den sie in der Hand hält, ein Rosenquarz ist. Sie wurde wütend und sagte, dass das Pendel wohl besser wüsste, was dies für ein Stein ist, da sie ja über das Pendel mit der geistigen Welt in Verbindung steht. Ich verneinte wiederum, bis sie zornig den Laden verlies.

Ich bin mir sicher, dass es viel wichtiger ist, auf unsere innere Stimme zu hören und nicht einer anderen Kraft außerhalb von uns zu vertrauen, die sich über das Pendel äußert. Ob man sich in der Abhängigkeit der Politik, eines Chefs oder eines Pendels befindet, das macht keinen großen Unterschied. Abhängigkeit ist Abhängigkeit. Aber der Gebrauch eines Pendels zieht immer Kräfte an, von denen die wenigsten Menschen eine Ahnung haben und nicht wissen, wie man mit ihnen umgeht. Wie meine ehemalige gute Freundin und Heilpraktikerin.

Wenn wir unsere Verantwortung für unser Leben abgeben und andere Menschen für uns entscheiden lassen, kann es nur gefährlich werden. Das Pendeln ist so eine Gefahr, denn die Beschäftigung damit lädt erdgebundene und vor allem auch negative Geistwesen ein, mit den Menschen zu spielen. Sie ärgern, sie foppen, sie zerstören. Das tun diese Wesen am liebsten. Unterschätzen Sie diese Wesen und deren Kräfte nicht. Sie sind hochgefährlich. Glauben Sie mir!

Der größte Trick des Widersachers

Es würde viel weniger Böses auf Erden getan, wenn das Böse niemals im Namen des Guten getan werden könnte. (Marie von Ebner-Eschenbach)

Der Mensch glaubt nur das, was er sieht. Der Mensch glaubt nur an beweisbare, reale Dinge. Alles, was nicht sichtbar ist, existiert führt ihn auch nicht. Elektrizität ist nicht sichtbar und doch schreibe ich gerade an meinem Computer. Luft ist nicht sichtbar und doch atme ich gerade. Liebe ist nicht sichtbar, und doch liebe ich meine Frau über alles.

Doch genau hier, im Phänomen des ungläubigen Thomas, liegt die große Chance der Dunkelheit. Denn der größte Trick der Negativität ist der, dass sie sich selbst verleugnet. Luzifers größter Trick ist es, den Menschen mitzuteilen, dass es ihn gar nicht gibt, er gar nicht existent ist. Er möchte sich als Sagengestalt darstellen, den es lediglich in Märchen und in der Werbung gibt. Nur ein Fabelwesen mit zwei Hörnern und einem Dreizack, erschaffen von den Menschen. Das ist sein Alibi und die beste Möglichkeit, ganz unbemerkt zu wirken, da die meisten Menschen heutzutage sich von Gott verlassen fühlen. Und jetzt auch noch glauben, dass es Luzifer gar nicht gibt.

Alles, was ich in Standardwerken der spirituellen Literatur las, konnte ich nicht verstehen, bis ich es am eigenen Leibe erfuhr. Diese Erfahrungsberichte sprechen absolut dafür, dass es eine nicht unbedeutende Welt der Negativität gibt, die ganz bewusst und voller Absicht gerade auf unser irdisches Leben einen großen Einfluss hat. Alles Schlechte automatisch der Negativität in die Schuhe zu schieben, meine ich nicht. Denn damit gibt man alle eigene Verantwortung im Leben ab, versinkt selbst in totaler Unmündigkeit und läuft Gefahr, sich als fehlerlos und perfekt zu sehen, oder andersherum, wie ich, in einer Lebensunfähigkeit zu versinken.

Auch wenn sich die Negativität immer wieder verleugnet, manchmal verrät sie sich doch. Unter anderem in Form von Gerüchen. Es kann passieren, dass Sie aus heiterem Himmel übelriechenden Gestank in ihrer Nase haben, obwohl es diese Dinge nicht in ihrer Umgebung gibt. Manche negative Wesen stinken zum Beispiel nach Katzenpisse, manche nach Hundekot. Wieder andere nach muffeligem Schimmel. Oder nach Alkohol. Ich roch in meiner Zeit oft so etwas ähnliches wie Maden. Maden, die sich gerade über verfaultes Fleisch hermachten.

(Gute Geistwesen machen sich oft mit Düften bemerkbar wie zum Beispiel Rose, Weihrauch oder Vanille.)

Der bekannteste Politiker oder Schauspieler, den wir im Leben als Vorbild nehmen, kann im Inneren der größte Atheist oder Egoist sein. Und kann auch deshalb ganz leicht zum Spielball des Bösen werden. Man weiß es nur nicht und bewundert vielleicht den Falschen. Ach, wie schön wäre die Welt doch, wenn es keine Geheimnisse gäbe und jeder den anderen durchschauen könnte ...

Mein Versprechen

Unwahrheit zerstört die Seele, Wahrheit stärkt sie. (Mahatma Gandhi)

Mahatma Gandhi war das beste Beispiel eines Mannes, der an sich selbst glaubte und zudem nicht ein einziges Geheimnis besaß. Die Welt wusste, was er aß, wann er sich mit einem Politiker zu einem Gespräch traf. Und die Welt wusste, wann er die Ziegen fütterte oder am Brunnen sein Gebiss reinigte. Und das war seine Stärke. Er hatte keine Angst vor Peinlichkeiten oder Autoritäten.

Es ging ihm nur um die Wahrhaftigkeit und die Wahrheit. Für sich selbst und für die Menschen. Egal, ob vor ihm ein armer Bauer, ein Staatspräsident, oder gar der Papst steht. (Letzterer hatte Gandhi übrigens nicht ein einziges Mal empfangen, da Gandhi in seinen Augen mit seiner spärlichen Kleidung und Sandalen nicht standesgemäß gekleidet war.) Und diese großen Lehrmeister, wie es auch Mahatma Gandhi nun einmal war, vertragen sich nicht mit Geheimnissen (Überlegen Sie einmal ganz genau, wie groß die Anstrengungen sind, gewisse Dinge versteckt zu halten. Wie groß ist der Kraftaufwand, ein Geheimnis zu behüten. Wussten Sie, dass das Pentagon Millionen von Dollar ausgibt, um sein Computersystem und die darin versteckten Geheimnisse vor Hackern zu schützen?).

Sich von den vielen Geheimnissen um unsere Person zu entledigen, diesen Gedanken finde ich schlichtweg einfach und einfach revolutionär. Denn dadurch wird man leicht. Man muss sich nicht mehr vor den anderen Menschen verstecken. Und man wird dadurch frei und erhält mehr Kraft, da man keine Kraft mehr aufwenden muss, sich der Welt in einem anderen Licht zu zeigen.

Das, was Mahatma Gandhi in seiner Autobiographie über das Ablegen von Gelübden oder Versprechen geschrieben hatte, hinterließ einen solchen Eindruck in meiner Seele, dass ich glaubte, vor lauter Glückseligkeit zu verglühen.

Den Gedanken, selbst ein Versprechen abzulegen, ließ mich danach nicht mehr los. Egal, was ich tat, ich konnte nur noch an meine Seele denken, wie wichtig dieser Schritt für sie wohl sein sollte. Ich bereitete mich wochenlang vor. Dann kam der große Tag, an dem ich vor einigen Freunden ein Versprechen abgab. Dies mit ihnen zu teilen, war mir wichtig, denn dadurch hat es für mich einen noch größeren Wert bekommen. Genauso ist es mir wichtig, dieses Versprechen an dieser Stelle noch einmal vor Ihnen zu wiederholen, da Sie jetzt zusätzlich Zeuge sind, dass ich es abgegeben habe. Mein Versprechen lautet folgendermaßen:

„Ich möchte vor Gott, vor Jesus Christus und vor meiner Seele ein Versprechen abgeben, für immer und unter allen Umständen der Wahrheit zu dienen, für sie zu kämpfen und der Ungerechtigkeit zu trotzen. Mit den Mitteln der Liebe, der Wahrhaftigkeit, der Geduld, der Demut und der Einfachheit."

Ich wusste, dass mein Leben nach dem Ablegen dieses Versprechens nicht mehr dasselbe sein würde. Und ich behielt recht. Das Versprechen war der Schlüssel überhaupt, der mein Bewusstsein in Form eines Quantensprungs nach vorne katapultierte. Doch ich habe immer noch die Kraft unterschätzt, die dahinter steckte und von mir durch das Versprechen aktiviert wurde. Denn seitdem habe ich den Eindruck, dass etliche Heerscharen von Geistwesen ein Auge auf mich werfen und mir helfen, mein Versprechen auch zu erfüllen. Prompt kamen und kommen vermehrt die Ereignisse im Leben, die mich lehren wollen, ob ich es auch ehrlich meine oder ob ich nur eine große Klappe hatte.

Mit diesem ganz wichtigen Schritt habe ich endgültig an meine Seele angedockt. Und sie sieht ganz anders aus, als ich immer dachte. Meine Vorstellung war, dass es dort Angst, Feigheit, Dummheit, Wut, Neid, Eifersucht gibt. Nicht zu vergessen Tollpatschigkeit, Strenge, Verbissenheit, Schwere, Trägheit, Leiden, Dunkelheit und Kälte. Aber ich war erstaunt, dass ich nichts von alledem fand. Absolut nichts davon. Ich fand nur Licht. Ich fand Mut. Ich fand Kraft. Macht. Liebe. Humor. Leichtigkeit. Einfachheit.

Durch diese vermehrte Achtsamkeit in meinem Leben fand ich den ersten Teil meiner Selbstliebe, des Selbstbewusstseins und der Selbstachtung. Sie waren immer da, aber nur unter meinen ganzen Ängsten und vermeintlichen Unzulänglichkeiten verborgen. Jetzt heißt es für mich in der Zukunft, mein Licht zu erkennen und auch dazu zu stehen. Jetzt heißt es für mich, endlich aufzustehen. Mich endlich aus falsch angelernten Zwängen zu befreien. Dieses Versprechen war für mich eine Taufe. Ein Segen Gottes, der mit seiner liebevollen Hand meine Seele streichelt und gleichzeitig alle Wunden zum Heilen bringt. Und dies wird jeden Tag deutlicher für mich wahrnehmbar. Aber ein ganz entscheidender Schritt hin zu meinem Mut, solch ein Versprechen überhaupt abzulegen, fand kurz davor auf einem anderen Kontinent statt.

Eine unerwartete Reise nach Ägypten

Solange man imstande ist, zu bewundern und zu lieben, solange ist man jung, und es gibt so vieles zu bewundern und zu lieben. (Pablo Casals)

Ich erwähnte schon den parapsychologischen Forschungskreis in Bad Salzuflen, in dessen Runde ich am Anfang Fragen an die Geistige Welt richtete und nach meiner schwierigen Zeit mit Bärbel nicht nur aufgefangen wurde, sondern wieder die Möglichkeit bekam, mitzuarbeiten.

Dieser Forschungskreis ist eine überkonfessionelle Arbeitsgruppe. Alle Mitglieder arbeiten ehrenamtlich neben ihrem Beruf. Seit ungefähr 18 Jahren. Nun gut. Eines Tages in einer Sitzung fragte uns der geistige Lehrer, ob einige bereit wären - neben fünf anderen Mitgliedern hatte er auch mich angesprochen - nach Ägypten zu den Pyramiden zu fliegen. Das sei sehr wichtig für unsere Entwicklung und sollte sofort geschehen. Wumm! Wir waren erst einmal platt. Normalerweise würde er sich nicht in unsere irdischen Belange einmischen, aber es sei dringend, meinte unser geistiger Lehrer. Wir sollten ihm vertrauen, es hätte eine große Wichtigkeit. Fragen über Fragen tauchten in mir auf. Wie soll das gehen? Ich kann doch nicht einfach so wegfliegen? Doch ich konnte. Auf einmal lief alles wie am Schnürchen. Die finanziellen Mittel waren innerhalb von drei Wochen da und wir befanden uns am Düsseldorfer Flughafen, ehe wir uns überhaupt umschauen konnten und warteten aufgeregt auf unser Flugzeug. Wie wichtig diese sieben Tage für mich werden sollten, hätte ich mir niemals träumen lassen. Und wie schwierig, auch nicht.

Wir, das sind ein pensionierter Zahnarzt, eine Psychotherapeutin, ein mobiler Hausmeister, ein Lehrer, ein Student und ich als Buchhändler. Mir wurde schon bald klar, dass es kein Urlaub im herkömmlichen Sinne werden sollte, sondern Arbeit. Kaum waren wir 10 Stunden in Kairo und mitten auf dem Weg zum Ägyptischen Museum, sprach uns ein Mann an, Rashid sein Name, der uns fragte, was wir denn suchten. Wir wurden Freunde. Von da an sahen wir uns jeden Tag und verbrachten die meiste Zeit zusammen. Er führte uns in Kairo zu versteckten Plätzen, auf dem Pyramidengelände führte er uns zu noch versteckteren Kammern.

Dann kam endlich der Zeitpunkt, dass ich die Pyramiden zum ersten Mal aus weiter Ferne durch die Autoscheibe sah. Aufregung durchflutete meine Seele. Als ich schließlich vor ihnen stand, hatte ich ein Gefühl, als ob Zeit und Raum verschmelzen würden. Ich befand mich irgendwo, vielleicht im Antiuniversum, anwesend und doch weit entfernt. Ich wusste tief in meiner Seele, dass diese großartigen Bauwerke keine irdischen Erbauer hatten. Und fragte mich gleichzeitig, wie Menschen dies überhaupt jemals anzweifeln konnten. Ich wusste jetzt tief in meinem Inneren, warum ich hier war. Ich sollte meine abgerissenen Verbindungen zu meinem göttlichen Zuhause wieder aufbauen. Genau hier, bei diesen grandiosen Pyramiden. Genau hier, wo starke kosmische Energien wirken.

In der Königskammer

Nur der Bewegte bewegt, nur der Ergriffene ergreift. (Otto Buchinger)

Die nächsten Tage vergingen, bis zu dem Tag der Krönung: Rashid ermöglichte uns einen einstündigen Aufenthalt in der Königskammer der Cheops-Pyramide. Die Königskammer war zu dieser Zeit geschlossen. Wegen Restaurierungsarbeiten und als Vorbereitung für die Jahrtausendwende. (Mittlerweile ist die Kammer wieder für jeden zugänglich.) Nach Stunden des Wartens, des Hoffens und Bangens, kam unser ägyptischer Freund auf uns zugelaufen. Mit einer Sondergenehmigung in der Hand. Wir durften in die Königskammer! Unfassbar. Wir sechs allein in der Königskammer. Wie das göttliche Geschick dieses Erlebnis führte, wurde uns erst hinterher richtig klar. Der Chef der Aufsichtsbehörde der Pyramiden war zu jener Zeit gerade in Europa auf Urlaubsreise. Und dieser gute Mann war rigoros gegen Meditationen und jegliche spirituellen Gruppen eingestellt. Der Vertreter des Chefs war aber nun der beste Freund Rashids. Er hatte logischerweise nichts dagegen. An diesem Tag, als wir in der Königskammer verweilten, hörten zudem die Bauarbeiten genau in dieser Zeit auf. Es herrschte absolute Stille. Stille in diesem majestätischen Bauwerk. Und Stille ist nicht gleich Stille. Diese Stille war anders. Diese Stille war heilig.

Wir hatten eine Stunde Zeit. 10 Minuten Aufstieg in die Königskammer, 10 Minuten Abstieg. Es blieben uns ungefähr 40 Minuten. Wir stimmten uns auf uns und diesen faszinierenden Raum ein, in dem nur ein Sarkophag steht. Jeder von uns hatte dann ca. 7 Minuten Zeit, sich in den Sarkophag zu legen. Als dritter war ich an der Reihe. Ich war gleichzeitig so ruhig und aufgewühlt wie noch nie zuvor in meinem Leben. Ich hatte das Gefühl, als ob ich innerlich verbrenne und mein ganzes Leben, meine ganze Vergangenheit, meine ganze Zukunft an mir vorbeizog. Ich fühlte mich heil auf allen Ebenen. Es ist immer noch unbegreiflich. Auch in diesem Moment des Niederschreibens. Die Stunde in der Königskammer kam mir vor wie drei Minuten. Mir wurde die geistige Führung klar, welche Vorkehrungen getroffen wurden, dass wir einfach so die Möglichkeit hatten, dies zu erleben. Und gleichzeitig wusste ich, dass es nicht zu unserem Entzücken geschah. Es hatte einen tieferen Sinn. Eine Stunde, nachdem wir die Königskammer verlassen hatten, sollte ich erfahren, warum dieses Erlebnis für mich wichtig war. Warum ich in die Königskammer musste. Ich betone das ‚musste'.

Die Abgründe meiner Seele – Meine Sehnsucht, mein Hochmut und meine Ängste

Der Schmerz ist ein heiliger Engel, und durch ihn sind Menschen größer geworden als durch alle Freuden der Welt. (Adalbert Stifter)

Nach diesem großartigen Erlebnis brauchten wir einfach nur Ruhe, Ruhe und nochmals Ruhe. Wir setzten uns in der Nähe der Pyramiden in den Schatten. Und bei allen waren eine Stunde später sämtliche seelischen Kanäle auf. Tränen flossen, Glücksgefühle kamen hervor. Nur bei mir nicht. Ich war eine Stunde später in den tiefsten Abgründen meiner Seele. Ich fühlte mich erkaltet, ich fühlte mich allein, verlassen, verloren, ich wollte zurück ins geistige Zuhause. Ich wollte nicht mehr existieren... Ich klagte Gott an, wie er das zulassen konnte. Ich war wütend auf die Pyramide, ich war wütend auf die penetranten Händler, auf die Polizisten auf ihren Kamelen, auf alle Menschen. Ich merkte den ganzen Tag nicht wie ich mich innerlich von den anderen Fünf abwandte. Wie ich mich von Gott abwandte, wie ich mich von allem Leben zurückzog. Wie ich in meinem Selbstmitleid versank. Mir wurde in diesen bitteren

Stunden wieder bewusst, dass ich Angst hatte, überhaupt zu inkarnieren. Ich hatte Angst vor dem, was ich mir für dieses Leben vorgenommen habe. Was auch immer das ist. Ich hatte Angst, die Dinge, die ich mir vorgenommen habe, nicht zu schaffen. Minderwertigkeitsgefühle, Opfergefühle, Feigheitsgefühle. Angst, Menschen zu verletzen. Angst, Seelen zu verletzen. Angst, falsch zu urteilen. Ich hatte Angst vor der negativen Welt und der Finsternis. Angst, wieder Gott zu verleugnen und wieder gegen seine Gesetze zu handeln. Angst vor mir selbst, Angst vor meinen Schwächen. Aber auch Angst vor meiner Stärke, Angst, mich mit meinem hohen Wissen ganz tief in mir anzufreunden. Angst vor meiner Seele. Alles fühlte sich dunkel an, schwarz. Kein Licht, es war eng, ich saß in einem Gefängnis ohne Essen, ohne Fenster, ohne Hoffnung. Ich dachte, meine Existenz löschte sich gerade selbst aus. Niemals mehr werde ich leben. Tot. Einfach nur tot. Tot für immer und ewig. Schließlich wollte ich in dieser Schwärze verschwinden. Ich wollte nur noch sterben.

Fragen tauchten auf. Warum nur hat mein geistiger Lehrer mir gesagt, dass meine erste Inkarnation nicht auf dieser Erde war? Warum fühle ich mich so zu den Sternen hingezogen? „Lese in deinem inneren Buch", hörte ich ihn immer wieder sagen. „Alle Antworten findest du in deinem eigenen inneren Buch". Wut tauchte auf. Klasse. Aber wie? Wie lese ich darin? Jahrelang habe ich keine Antwort erhalten. Und auf einmal war jetzt die Lösung da. Es war ganz einfach. „Schaue Dir Deine Macken und Fehler an. Wo sind deine Stärken? Warum bist du auf diesem Planeten? Was ist deine Lebensaufgabe?"

Auf der Stelle meldete sich aber der Hochmutsanteil in mir. „Wenn ich also schon viel spirituelles Wissen habe, dann bin ich schon weiterentwickelt. Ich bin schon etwas Besseres. Ich habe keine Macken mehr."
„Nein, bist du nicht", hörte ich meine Seele sagen.

„Doch bin ich, ich habe viel Wissen in mir. Also habe ich eine höhere Entwicklungsstufe als andere."

„*Böse Falle. Vielleicht kommst du von einem anderen Planeten, aber Du bist nicht mehr wert. Und zudem, Kumpel, wenn du dich hier so aufplusterst, müsstest du eigentlich wissen, was folgendes bedeutet: Je voller eine Ähre, desto tiefer beugt sie sich.*"

„Schwafel nicht so weise", sagte Mr. Überheblich wütend. „Schau dir doch die Welt an. Die Menschen sind doch wirklich unterentwickelt."

„*Und wenn schon. Nichts, aber auch gar nichts gibt dir das Recht, so über die Schöpfung Gottes zu urteilen*", sprach meine Seele. „*Da du urteilst, zeigt das nur, dass Du noch gar nichts verstanden hast. Auch wenn Du jetzt noch einmal so lospolterst. Beantworte mir nur eine Frage: Bist du ohne Fehler? Falls nicht, warum wirfst du den ersten Stein?*"

Weg war Herr Hochmut. Aber dafür kamen alle meine Ängste wieder ans Tageslicht. Vor allem diese, noch einmal so extrem in den Hochmut zu verfallen. Und deshalb auch die Angst vor meiner ureigensten Kraft und Stärke. Denn ich möchte nicht wieder andere Menschen verletzen und meine eigene Seele mit diesem Egoismus vergewaltigen. In die Ängste mischten sich Schuld, leidenschaftliche Gefühle der Selbstzerfleischung, alles endend in einer riesigen Depression. Alles war wieder dunkel. Schwarz. Klein. Eng. Gefangen. Schmerz. Tod.

Freude

Wenn die innere Lampe brennt, erhellt sie die ganze Welt.
(Mahatma Gandhi)

Einen Tag hielten diese intensivsten und grauenhaftesten Gefühle an, die ich jemals empfunden habe. Am nächsten Morgen schloss ich wieder zur Gruppe auf. Aber unter einer riesigen Überwindung, die mir so hoch wie der Mount Everest vorkam. Aber ich schaffte es. Und von da an kam das andere Extrem. Ich fühlte mich immer freudiger. So viel Freude, wie ich sie ebenfalls noch nie empfunden hatte. Ich fühlte mich eins mit Gott, mit allen Menschen, ich wusste, dass alles nur zu meinem Besten geschieht. Ich erkannte, dass diese ganzen Gefühle alter Müll waren, den ich in dieses Leben mitbrachte, um ihn umzuwandeln und loszuwerden. Ich zweifelte nicht mehr an mir selbst. Ich wollte leben, ich wollte das Leben genießen. Ich fühlte mich unbeschwert und neugierig wie ein Baby und sah das Leben als Abenteuer, als Spiel, in dem man eigentlich nichts falsch machen kann, außer nicht auf seine ureigensten, inneren Gefühle zu hören. Ich hätte die ganze Welt umarmen können, fühlte mich aber noch sehr unbeholfen, wie ich mich verhalten sollte. Das zeigte mir, wie sehr ich mich bis dahin sperrte, richtig hier auf der Erde leben zu wollen. Und dann wurde mir klar, was für intensive Energien für mich nötig waren, um diese riesige Blockade zu sprengen, die in meinem Inneren weilte. Die Blockade „Ich-will-nicht-auf-dieser-Erde-sein" war zerbrochen. Ich fürchte, bei mir waren diese riesigen kosmischen Energien in der Pyramide nötig, um wieder den Kontakt zu Gott und zu meiner Seele herzustellen. Diese Energien waren not-wendig, um meine innere Not zu wenden.

Wieder in Deutschland, dauerte es keine drei Stunden, bis bei mir sich die körperlichen Reaktionen dieser ganzen Seelenrevolution bemerkbar machten. Von null auf hundert hatte ich

Durchfall, Gliederschmerzen, erhöhte Temperatur, obwohl das Fieberthermometer nichts anzeigte. Drei Tage dauerte diese körperliche Reinigung, bis ich wieder so einigermaßen auf den Beinen war. In Ägypten ist in meinem Leben etwas in Fahrt gekommen, alte Ängste sind aufgebrochen und wurden zu einem großen Teil aus meiner Seele herausgespült. Ich fühle mich noch sehr tollpatschig, denn einige meiner lebenslangen Unsicherheiten sind seit dieser Zeit nicht mehr da. Aber diese Zeit in Ägypten war die Voraussetzung für mein Versprechen. Die Sprengung dieser inneren Blockade war nötig, damit ich überhaupt wieder Kontakt zu meiner Seele bekommen konnte. Meine Seele erhob sich. Sie genoss es, ganz langsam aufzustehen.

Unsere Freunde von anderen Sternen

Steht die Wissenschaft mit dem Leben im Widerspruch, hat stets das Leben recht. (Justus von Liebig)

Es ist mir ein ganz großes Anliegen, das Thema ‚Außerirdische' hier aufzugreifen. Für mich das wichtigste Thema, dass es für unsere Menschheit in dieser großen Wendezeit auf der Erde noch zu entdecken und zu verstehen gibt. Dass es eine Wendezeit ist, müsste jeder in unserer Welt schon mitbekommen haben. Immer mehr Katastrophen, Klimaverschiebungen, Überbevölkerung, Epidemien, immer mehr Gewalt, immer mehr Tote. Aber immer weniger Regenwälder und Tierarten. Die Welt ist nicht mehr die, die sie noch vor dreißig oder zwanzig Jahren war. Nein, nicht mal vor zehn Jahren. Wo ist der Fortschritt? In der Technik vielleicht. Aber in der menschlichen Ethik schreiten wir zunehmend in den Abgrund. Technik, Computer, Automatismus, Handys, Internet. Sind Sie drin oder nicht? Und der persönliche Austausch der Menschen untereinander geht immer mehr zurück. Wir sind Sklaven der Technik geworden. Die Kinder spielen nicht mehr Fußball auf dem Bolzplatz nebenan, sondern mit dem Computer. Allein an diesem Beispiel kann man sehen, wo wir uns in ungefähr zehn Jahren befinden werden. Irgendeine große globale Änderung liegt in der Luft. Mein Eindruck ist, dass sich jetzt immer mehr die Spreu des Egoismus eines jeden einzelnen vom Weizen der Wahrheit trennt. Und wo sich etwas trennt, tut es weh. Wo Wärme auf Kälte trifft, gibt es Nebel. Wo Licht in das Dunkel dringt, wird es heller, aber auch der Dreck wird sichtbar.

Und zu dieser Wahrheit, die die Erde immer mehr umgibt, gehört auch, dass wir endlich im Herzen begreifen sollten, dass es Menschheiten von anderen Planeten gibt. Nein, erst mal steht der Schritt an, überhaupt zu begreifen, dass es Menschheiten auf anderen Planeten gibt. Die Wissenschaft gibt zwar mittlerweile zu, nach Hunderten von Jahren, dass es Leben auf anderen Planeten geben könnte. Aber kein intelligentes Leben! Was für ein Quatsch. Es gibt Trilliarden von Sternen im ganzen Universum. Das sind ungefähr so viele Planeten:
100 000 000 000 000 000 000 000. Aber vielleicht sind es auch so viele. 100 000 000 000 000 000 000 000 000 000. Naja, egal. Und wir irdischen Menschen sollen die einzige intelligente Schöpfung sein, die es gibt? Was heißt überhaupt intelligent? Wir töten uns gegenseitig und irgendwann sprengt der Mensch diesen Planeten noch in die Luft. Anschauungsmaterial in Sachen Intelligenz. Intelligenz ist nicht, immer bessere und noch schnellere Computer zu erfinden. Intelligenz ist wiederum nicht, energiesparende Erfindungen zurückzuhalten, damit einige Wirtschaftbereiche unterdessen noch einen schnellen Euro mehr machen können. Intelligenz ist auch nicht, Lebensmittel zu vernichten, um wiederum mehr zu verdienen, während Milliarden Menschen auf der Erde hungern. Was ist denn nun Intelligenz? Wenn Intelligenz die Gesamtheit der geistigen Fä-

higkeiten eines Menschen bedeutet, dann sind viele Menschen, leider meistens die, die viel zu sagen haben, einfach nur dumm.

In meinen Augen ist Intelligenz, Kinderherzen zum Lachen zu bringen. Oder Menschen zu helfen. Sich auf neue Weltanschauungen und Gedankenwelten einzulassen. Einfach einmal eine bestimmte Angelegenheit von der anderen Seite anzusehen. Oder noch besser: Eine Angelegenheit von einer Seite anzuschauen, die es vielleicht noch gar nicht in unserem Bewusstsein gibt. Intelligenz heißt ein Lächeln zu verschenken, während die Menschen um uns herum traurig sind.

Wenn die Zeit doch nur reif dafür wäre, dass wir alle endlich begreifen könnten, dass die Erde schon seit vielen Jahrtausenden von Menschen anderer Planeten besucht wird! Mit Außerirdischen meine ich nicht grüne Männlein vom Mars oder diese grauen Figuren mit ihren Insektenaugen, die überall auf T-Shirts prangen oder auf die Haut tätowiert werden. Wenn wir doch nur begreifen würden, dass diese Menschheiten, die die Erde besuchen, in ihrer technischen und ethischen Entwicklung uns weit voraus sind. Und wer uns soweit voraus ist, der hat auch die geistigen Fähigkeiten und versteht, dass Töten und Zerstören nichts mit irgendeiner ‚Intelligenz' zu tun hat. Sondern mit unverfrorener Dummheit. Aus welchem Grund sollten diese Menschheiten die Erde zerstören? Ist das so schwer zu begreifen, dass sie friedlich sind? Oder ist es der überaus unendliche Hochmut der irdischen Wissenschaft, zu glauben, andere Intelligenzen aus ferneren Welten, die die Erde besuchen, könnten von uns etwas lernen? Von uns, die wir uns nur bekriegen, die unvorstellbarsten Gewaltverbrechen begehen und mit unserer Technik doch gerade mal mit einem bemannten Raumschiff zum Mond fliegen konnten?

Aber auch hier manipuliert uns die Negativität. Ein populärer Prediger aus den USA sagte letztens in einem Interview: „Die

Engel des Teufels ... nennen sich heute Besucher aus dem All." Das ist unter anderem ein Ergebnis der Negativität. Sie lässt Filme entstehen, mit der Botschaft, die Außerirdischen könnten die Erde zerstören. Und die meisten Menschen glauben dies auch noch. Vielleicht könnten sie es mit ihrer Technik, die sie auch die vielen Tausende von Lichtjahren zurücklegen lässt. Aber die Freunde, die ich meine, haben einen ganz anderen Auftrag. Sie sind hier, um uns vor unserer eigenen Zerstörung zu retten. Um uns aus der Jahrtausende alten Negativität zu befreien. Wie negativ, das ist alles in der Bibel dokumentiert. Folterungen, Missbrauch, Inzucht, abscheuliche Gewalt. Und das in vielfacher Ausführung.

Das alte Testament: Ein abschreckendes Buch

Wenn fünfzig Millionen Menschen etwas Dummes sagen, bleibt es trotzdem eine Dummheit. (Anatole France)

Die Bibel, vor allem das alte Testament, ist für mich das abscheulichste Buch, das es gibt. Dort geht es nur ums Töten, Töten und nochmals Töten. Dazu kommen Seitenweise Stammbäume, wer mit wem verwandt ist, Rezepte für rituelle Opferungen und Opfergesetze. Es ist die Rede von Eifersuchtsopfer, Erinnerungsopfer, Schlachtopfer, Feueropfer, Speiseopfer, Gedenkopfer, Tieropfer, Sündopfer, Blutopfer, Brandopfer, Trankopfer, Räucheropfer, Schuldopfer und, und, und. Es wird geopfert und geopfert, nur um den bösen und strafenden Gott ruhig zu stimmen. Es wird über todeswürdiges Vergehen geschrieben, über die Kleider der Priester, über Steuern, und andere ‚heilige' Dinge. Es gibt Gesetze über reine und unreine Tiere, über die Feststellung von Aussatz, über die Reinigung von Aussätzigen, über das Verhalten bei Ausflüssen, über das Verbot des Genusses von Blut und verendeten Tieren, über die Stätte des Opfers, und immer wieder Verbote geschlechtlicher Verirrungen. Es musste den Menschen damals gesagt werden, dass sie keinen Geschlechtsverkehr mit ihren Eltern, Geschwistern und Kindern haben sollten. Auch nicht mit Tieren. Wie sah es in Sodom und Gomorrha aus? Zwei Städte, die damals wohl in der Lasterhaftigkeitsskala an erster Stelle standen. Alles dies musste den Menschen gesagt werden. Wie war also der Entwicklungsstand der Menschen damals in Israel? Lesen Sie ruhig nach. Lesen Sie in diesem ‚heiligen‘ Buch.

Weiter steht geschrieben: „Auge um Auge, Zahn um Zahn." „Ich bin der Krieg, spricht Gott." Was soll das für ein Gott sein, der so einen wahnsinnigen Unsinn sagen sollte? Kein Wunder, dass die Menschen nicht mehr an Gott glauben, wenn sie so etwas lernen und lesen müssen. In uns ist ein natürliches Empfinden für das Gute und Schöne. Also auch automatisch für Gott. Und mit solchen Zitaten wird dieses Empfinden gesprengt. Mit solchen Zitaten verwischt das Bild von dem Guten. Und demnach glaubt man auch nicht mehr an den Widersacher. Kein Gott, kein Widersacher. Alles Einbildung. Und genau an diesen Punkt will uns der Letztgenannte bringen. Den Glauben an Gott, an das Gute auf dieser Erde auszulöschen. Mit eben solchen zwielichtigen Zitaten aus der Bibel, aus der ‚heiligen‘ Schrift, dem meistgelesenen Buch der Erde. Unfassbar.

Was für ein Wissen hatte der Mensch, als er das Alte Testament aufschrieb? Noch einmal: Welche Entwicklung hatten die Menschen, die zu jener Zeit in Israel lebten? Warum brachte ‚Gott‘ die 10 Gebote vor ungefähr 3300 Jahren zu den Israeliten? Warum inkarnierte Jesus Christus in Judäa? Warum nicht in Australien? Warum nicht in Nord- oder Südamerika? Warum nicht in Nordeuropa? Warum sollten solche Gesetze wie die 10 Gebote es sind, die eigentlich selbstverständlich sein sollten, zu Völkern gebracht werden, die schon sehr viel nach den göttlichen Gesetzen und mit der Natur lebten? Warum nur?

Schauen wir uns die Aborigines an. Diese friedliche Kultur brauchte in dieser Zeit solche Gesetze nicht. ‚Du sollst nicht töten' war für sie selbstverständlich, außer es ging um das reine Überleben ihres Stammes und sie mussten deshalb Tiere töten. Oder die ursprünglichen nordamerikanischen Stämme, die ebenfalls mit der Natur lebten. Sie richteten sich schon Hunderte von Jahren nach dem Geistigen aus. Warum sollte dort ein Erlöser inkarnieren, dort, wo die Natur, der Mensch und Gott respektiert wird? Warum sollten dort die 10 Gebote hingebracht werden? Das macht doch wirklich keinen Sinn. In meinen Augen ist es ganz einfach. Diese Gesetzestafeln und die Lehre von Jesus Christus mussten in die absolute Dunkelheit gebracht werden. In irdische Bereiche, in denen nur die wenigsten sich nach ihrem inneren guten Wesenskern richteten. Wir dürfen nicht vergessen, in diesen Bereichen der Erde waren, wie schon erwähnt, Inzucht, Mord, Vergewaltigungen, Sodomie und Folterungen an der Tagesordnung. In Bereichen, in denen Gott nicht bekannt war, in denen es ‚auserwählte' Völker gab, dort musste der göttliche Geist hingetragen werden (Andeutungsweise steht das unter anderem bei Hesekiel 2, 3 und 3, 7.).

Das Alte Testament: Wahrlich ein abscheuliches Buch. ‚Um Himmels Willen, du darfst doch nicht die Bibel in Frage stellen. Die Bibel ist die Wahrheit.' So oder ähnlich hatte ich schon viele Diskussionen mit meinem Vater und ich höre diese Sätze leider auch von vielen anderen Menschen, die wesentlich jünger sind und eigentlich toleranter hätten aufwachsen müssen. Was für eine große Macht hatte die Kirche, die Menschen dumm und passiv zu halten, damit sie nicht die Wahrheit finden? Wie konnte sie so lange die Macht behalten? Wie schaffte sie es, die Menschen in diesen Abhängigkeiten zu behalten?

Wie schaffte sie es so lange, die Menschen am Aufstehen zu hindern?

Die Verbannung der Wiedergeburtslehre

Es ist nicht erstaunlicher, zweimal geboren zu werden als einmal. Alles in der Natur ist Auferstehung. (Voltaire)

Ganz einfach. Es mussten die Menschen daran gehindert werden, sich über ihr Leben selbst Gedanken zu machen. Sie durften nicht den Sinn des Lebens und dessen Gesetzmäßigkeiten erkennen, denn dann hätten die Menschen erkannt, dass nichts stirbt, nichts Existierendes erlöschen kann, da alles ein Kreislauf ist. Dass man selbst für sein Schicksal und Leben verantwortlich ist. Und da die Wiedergeburtslehre genau diese Punkte beinhaltet, musste sie ausgerottet werden.

Im sechsten Jahrhundert nach Christus war es dann soweit: Die Lehre der Reinkarnation (in carnere = in das Fleisch kommen; Reinkarnation = wieder in das Fleisch kommen) wurde aus der Kirche verbannt. Wer weiter an den Kreislauf des Lebens glaubte, der wurde im Namen von Jesus Christus verflucht und getötet. Aber wie kam es dazu, dass diese Lehre verboten wurde?

Ein guter Bekannter, der mittlerweile in das Geistige Reich hinübergegangen ist, hatte im Rentenalter ein sehr interessantes Hobby. Er schrieb allen Pastoren in Deutschland Briefe, in welchen Bereichen ihrer Lehre die Kirche eine falsche Auffassung vertrete. In einem Brief an Kardinal Ratzinger fasste er einmal alle Umstände zusammen, die zu der heutigen kirchlichen Irrlehre führten, die den Reinkarnationsgedanken außen vor lässt. Sagenhaft recherchiert und spannend geschrieben.

Aber lesen Sie selbst, denn ich möchte den wichtigsten Teil davon hier wiedergeben:

„165 führende Herren der Kirche waren die Übeltäter, die im Jahre 553 n. Chr. die Wiedergeburt verdammten, um eigene Machtinteressen verfolgen zu können. Daran war eine machthungrige Frau schuld, die potente Persönlichkeiten in Spitzenpositionen, Kraft ihrer Lebenserfahrung, Erscheinung und Zielstrebigkeit, in den Griff bekam.

Das hatte epochale Folgen: Die Hauptsäule des Glaubensgebäudes wurde zum Einsturz gebracht, ein wahres Meisterwerk der göttlichen Schöpfung, das frühe Kirchenfürsten wie Origenes, Basilides oder der Heilige Gregor, zuständig und kompetent in Jahrhunderten zuvor, noch überzeugend bestätigt hatten. Eine Wahrheit, die ja auch in der Bibel stand. ...

Noch ein Jahrhundert zuvor war die Reinkarnation eine unantastbare Selbstverständlichkeit, wie sie Christus zuvor auch gelehrt hatte. Nunmehr aber platzte die kaiserliche Geltungssucht ‚aus allen Nähten‘ und sie forderte ihren Tribut. Der Gedanke einer nachtodlichen Verantwortung wurde geächtet und die Möglichkeit, kaiserlichen Purpur in einem folgenden irdischen Leben mit übelriechenden Kleidungsfetzen einer Bettlerin eintauschen zu müssen, erschien diesen Majestäten widerwärtig und entsetzlich. Wer konnte damals schon ahnen, dass sich die christliche Theologie mit der Thronbesteigung Justinians (527) dramatisch und grundlegend ändern sollte. Tiefgreifende Auswirkungen belasteten deshalb die folgenden Jahrhunderte. Der treibende Motor im Hintergrund auf kaiserlichem Parkett war eine Frau: Theodora, die Gattin des Kaisers Justinian, Tochter eines Bärenbändigers im Zirkus von Konstantinopel. Als Florett diente die älteste Waffe einer Frau: Der ‚horizontale‘ Einfallsreichtum mit Schönheit, Schliff und Charme, der auch dem Adel zur Verfügung stand.

So konnte auch der junge Statthalter von Pentapolis ihren Reizen nicht widerstehen und er nahm sie mit nach Nordafrika. Hier verfiel sie der Eigensucht und Besitzgier. Theodora aber überspannte den Bogen, so dass das Volk sich zu erheben drohte. Da machte ihr herrschender Liebhaber kurzen Prozess, konfiszierte alle ihre Güter und ,schickte sie in die Wüste'. ...

Bald in Konstantinopel angekommen, ließ sie wieder einmal ihre ,körperliche Klaviatur' kunstvoll spielen und machte Justinian auf sich aufmerksam. Sie wurde seine Lieblingskonkubine und im Jahre 525 seine Frau. Zwei Jahre später errang sie die höchste weltliche Macht: Die Kaiserkrone.

Nun war es geschafft. Doch ein brennendes Ziel lockte noch: Die eigene Vergöttlichung. Erst dann war sie allen Cäsaren ebenbürtig. Doch dagegen stemmte sich das Christentum. Eine Wiederverkörperung wäre hier eine niederschmetternde Zumutung gewesen; denn nunmehr Göttin und im nächsten Leben eine bettelnde Vagabundin..., eine unfassbare Möglichkeit: Der Glaube an die Wiedergeburt musste mit allen Mitteln angeprangert und annuliert werden. Aber wie?

Bald kam die rettende Idee: Eine gewaltige Gruppe von Menschen musste aktiviert werden, die sogenannten Monophysiten, die der Lehre folgten, die Gott, den Schöpfer und Jesus Christus in einer Person vereinigte. Künftighin sollte diese bisher verfemte Völkergruppe die kirchliche Führung übernehmen, in der Hoffnung, deren wachsenden Einfluss bald als Absage der Reinkarnation geltend machen zu können.

Wahrlich ein teuflischer Plan! Der Glanz einer Unsterblichkeit war damit garantiert und die Möglichkeit, in einem folgendem Leben als Dienstmagd wiedergeboren zu werden, war damit nicht mehr denkbar. Und so geschah es. Ihre früher verfemten Mönche wurden nunmehr ihre ergebenen Statthalter und verkörperten bald die Staatskirche. Eine dramatische und zielstrebige Planung ging ihrer Vollendung entgegen, wohl durchdacht und diabolisch abgesegnet. Dank Theodoras Energie siegte ihr Gemahl im Nikaaufstand (532) über die Demen. Nunmehr trat dieser Imperator, der auch Theologe war, als Oberherr der Kirche auf.

Dunkle Mächte hatten in Theodora und Justinian zwei Helfer mit großem Einfluss gefunden. Es hieß, so der Geschichtsschreiber Procopius, beide seien besessen gewesen. Um die Theodora-Pläne zu verwirklichen, musste zunächst die Westkirche unter ihre Kontrolle gebracht werden. Der Papst wurde abgesetzt. Sein Nachfolger war ein Günstling des Kaisers. Und wiederum wurde dieses rassige und amourös erfahrene 'Schätzchen' mit kaiserlicher Würde aktiv: Sie ließ alsbald die Synode der Ostkirche von Konstantinopel (543) zusammenrufen und die Verurteilung des Monophysitismus und ebenso die Bekräftigung der Reinkarnationslehre widerrufen. Das war der erste Todesstoß der Lehre von der Wiedergeburt.

Vorzeitig ging Theodora als 48jährige in das Geistige Reich zurück. Doch war Justinian bereits so den Mächten der Finsternis und dem Ehrgeiz seiner Frau verfallen, dass er ihrer Vergöttlichung weiterfolgte. Ein ergebenes Häuflein von Bischöfen entschied nunmehr, dass die Reinkarnationslehre als Ketzerei zu gelten habe und jeder, der sie vertrete, verdammt sei.

Damit wurde auch Origenes (185-254) als Begründer der Kirchenwissenschaft verflucht; ein Mann, der heute noch großes Ansehen genießt und einst die Katechetenschule in Alexandria leitete. Er galt als Repräsentant der Wiedergeburtslehre und das bis heute.

Dieses 5. Konzil von Konstantinopel war ein Meisterwerk des großen Negativen. Bedeutende Unterlagen waren verloren gegangen, vor allem die des Origenes, gegen den 300 Jahre nach seinem irdischen Abtreten 15 Anathemas (Verfluchungen) zum Ausdruck kamen. ... Wie kriminell die klerikalen Herren des 5. Konzils vorgingen, erkennt man schon an einem plötzlichen Verschwinden bestimmter Konzilakten, die die Bedeutung des 300 Jahre zuvor lebenden Kirchenvaters Origenes betreffen. So hieß es: ,Wer nicht verflucht ... Origenes, samt seinen gottlosen Schriften und alle anderen Häretiker, die verflucht

sind von der heiligen katholischen Kirche..., der sei verflucht'.
...
Es ist verständlich, dass die Lüge von einem einzigen Leben vielen machthungrigen und raffgierigen Kirchenfürsten sehr gelegen kam. Sie alle gierten nach Macht, um selbst dominieren zu können. Ihr Reichtum war Trumpf, gleichwie ihre Macht. Wo früher einmal die Wiedergeburt mit gnadenvollen Konsequenzen leuchtete, herrschte nunmehr das Dogma der ewigen Verdammnis. Seit dieser Zeit hatte jeder Mensch nur noch ein Leben zur Verfügung, das ihm später einmal zur Glückseligkeit verhelfen sollte. Doch dieser Weg führte über die 'Erlösertat' von Jesus Christus. Und hier hatte die Kirche ihre Monopolstellung. Sie war die einzige Mittlerin zwischen ihm und den Menschen. Dieses Gefüge der Kompetenz war unantastbar, bis heute. So stand im 12. und 13. Jahrhundert auf dem privaten Besitz einer Bibel die Todesstrafe. Und es fiel ein jeder der ewigen Verdammnis anheim, der nicht an den Gekreuzigten - in dogmatischer Interpretation - bzw. an die Kirche glaubte, als alleinige Stellvertreterin Jesu."

Wirklich ein genialer Schritt. Wir Menschen müssen erkennen, dass wir selbst für uns verantwortlich und nicht von der Gnade der Kirche und ihrer Vertreter abhängig sind. Nicht nur aus den ebengenannten Machtgründen, sondern auch aus finanziellen Gesichtspunkten heraus. Anfang des Jahres 1997 teilte die Presse mit, dass der Vatikan auf einem Vermögen von 300 Milliarden Deutschen Mark sitzen solle und wahrscheinlich ist es weit mehr. Gibt es mehr Beweise, welche Interessen die Institution Kirche hat?
Dies alles zeigt, dass wir Menschen, wir Ottonormalverbraucher, die Kirche nicht brauchen. Wir bräuchten Lehrer, die uns die göttlichen Wahrheiten bringen. Aber keine Institution, die sich wichtiger nimmt als alles andere.

Rabindranath Tagore, neben Mahatma Gandhi der große geistliche Erneuerer Indiens, schrieb einmal über Religion so treffend und hierzu passend: *„Es gibt auf der Welt zwei Religionsgemeinden, die sich allen anderen religiösen Lehren extrem antagonistisch (gegenwirkend, feindlich) verhalten: die christliche und die muslimische Religion. Sie sind nicht damit zufrieden, nur ihre eigene Religion zu pflegen, sondern auch bemüht, andere Religionen auszumerzen. Deshalb gibt es keine andere Möglichkeit, mit ihnen zusammenzukommen, als ihre Religion anzunehmen.“*

Streitpunkt Selbsterlösung

Die zur Wahrheit wandern, wandern allein. (Christian Morgenstern)

Vor einiger Zeit hörte ich von einem Vortrag in Bad Salzuflen, in dem es um das Thema ging, ob die Lehren der Kirche mit den Lehren der heutigen Esoterik zu vereinbaren wären. Jetzt kommt auch zum ersten Mal die Esoterik ins Spiel. Esoterik bedeutet zum einen „für Eingeweihte“ oder „für wenige“, zum anderen hat es auch die Bedeutung „nach innen gerichtet“. Aber die erste Bedeutung wird immer mehr verschwinden und der zweite Grundgedanke wird sich immer mehr durchsetzen. Denn die Zeit der „Auserwählten“ ist vorbei. Jetzt kommt das Wissen zum Vorschein, das für alle Menschen gedacht ist. Eine neue Richtung wurde vorgegeben. Ab jetzt geht es „nach innen“. In das innere des Menschen. In die Richtung der Gefühle, in Richtung der Seele, zum innersten Kern, zum Zentrum der Liebesfähigkeit, denn die Liebe ist das Esoterischste, was es gibt. Aber zurück zum bevorstehenden Vortrag.

Der Referent war der Sekten- und Weltanschauungsbeauftragte der Lippischen Landeskirche. Da ich nunmal in einem ‚Esoterikgeschäft' in Bad Salzuflen arbeite, lag es nah, dass ich mir auch einmal anhören wollte, was die Kirche in lippischen Bereichen für eine Auffassung vertritt. Der Vortrag fand in einem Gemeindesaal statt und war gut besucht. Der Pfarrer referierte sehr gut, sehr sachlich, der Vortrag war solide recherchiert. Fazit: Die Lippische Landeskirche möchte keinen Dialog mit der Esoterik. Leider, sie möchte keine andere Meinung zulassen. Und schon gar nicht, wenn es, aus ihrer Sicht, um so teuflische Dinge geht wie die Selbsterlösung. Der Streitpunkt schlechthin, warum die Esoterik aus Sicht der Kirche einen satanischen Hintergrund hat und von ihr auf das Schärfste hin verurteilt wird. Hier war es genauso, wie es Rabindranath Tagore schon im Jahre 1922 schrieb. Geändert hat sich sehr wenig.

Wie wahr musste die Lehre der Wiedergeburt mit der daraus folgenden Selbsterlösung sein, dass sie mit solchen dämonischen Mitteln bekämpft wurde und immer noch wird? Aber wie stark muss auch die Negativität gewesen sein, dass sie diese Lehre wieder aus dem Bewusstsein der Menschen streichen konnte?

Und wie konnte der Widersacher die Menschen klein und gefügig halten? Auch einfach. Mit Gewalt, Drohungen, Zwängen und Folterungen im Namen von ,Jesus Christus'. Mit der ,Heiligen' Inquisition. Wie viele Freiheitskämpfer mussten ihr Leben lassen? Nach Folterungen und Qualen, die sich kein Mensch vorstellen kann. Wie viele Tausend unbekannte Märtyrer gab es schon, die in irgendwelchen Kerkern und Folterkammern starben, weil sie sich weigerten, ihre philosophischen Lehren zu wiederrufen? Was war ihr Vergehen? Sie stellten die Dogmen in Frage. Sie stellten ihre damalige Gesellschaft in Frage. Sie stellten den alten überlieferten Glauben in Frage. Sie sprachen die Wahrheit und kämpften für die Menschlichkeit. Sie widersetzten sich der Ungerechtigkeit. Sie befreiten sich aus ihrem Gefängnis. Sie brachen aus und ließen sich nicht mehr von den Mächtigen gängeln. Ihre Seelen wollten sich befreien. Und sie konnten nur eines tun. Aufstehen. Aufstehen. Immer wieder aufstehen. Sie befreiten ihre Seelen, ganz egal ob sie ihren vergänglichen Körper ablegen mussten oder nicht.

Die Bibel: das beste Ufo-Buch der Welt

Die Wahrheit gleicht dem Himmel und die Meinung den Wolken.
(Joseph Joubert)

Tausende mussten sterben. Für sie. Für die ‚Heilige' Schrift. Wie schon erwähnt, hatte ich bis vor wenigen Jahren keinen Zugang zum gewöhnlichen Kirchenglauben. Demzufolge kannte ich auch von der Bibel wenig. Das wollte ich ändern und pflügte das Buch durch. Was ich fand und was mein Interesse weckte, waren einige Stellen, die ich hier anführen möchte. Vergleichen Sie mal, wie sich diese Zitate und Bilder gleichen. Die am wenigsten verfälschten Teile der Bibel sind beim Propheten Hesekiel und in der Offenbarung des Johannes zu finden. Wie sollten sie stark verfälscht werden, da man diese Stellen auch noch bis heute kaum deuten kann? Stellen Sie sich vor, einem einfachen, herzensguten Menschen erschien vor ca. 2000 Jahren ein Raumschiff. Es landet vielleicht sogar vor ihm. Es musste ein einfacher guter Mensch sein, denn nur einfache und gläubige Menschen konnten als Prophet erwählt werden. Aber wie sollte dieser Mensch denn etwas beschreiben, was er noch nie gesehen hat, was nicht in sein Weltbild passt? Ich finde, dass Johannes das Raumschiff sehr gut beschreibt. (Offenbarung 1, 10-16; 4,1-11) Eine Stimme wie von einer Posaune. Die Stimme wurde mittels einer Technik lauter, damit er auch die Worte verstand, die ein Besatzungsmitglied an ihn aus vielen Metern Entfernung an ihn richtete. Dann beschrieb er ein Besatzungsmitglied. Und danach erzählte er von den Füßen, die glänzendem Erz glichen, das im Feuerofen zum Glühen gebracht wurde. Wie sollte Johannes besser ein Raumschiff beschreiben? Im ersten Kapitel, Vers 7, wird wie in vielen unzähligen Stellen der Bibel vormals schon, von dem Menschensohn gesprochen, der mit den Wolken kommt. Was kommt denn mit den Wolken? Was kommt aus dem Himmel?

Versuchen Sie sich nur einmal vorzustellen, Johannes und andere Propheten meinten Raumschiffe? Was bedeutet übrigens Menschensohn? Ist es eine Person? Ist es ein Besatzungsmitglied eines dieser Raumschiffe? Oder steht dieser Menschensohn symbolisch wie Jesus Christus für die Wahrheit? Jesus Christus brachte die Wahrheit. Wird die heutige Wahrheit, die uns befreien wird, mit Raumschiffen kommen? Vielleicht kommt unser Begriff Himmel daher, dass früher die meisten göttlichen Botschaften mit Raumschiffen direkt von oben aus dem Himmel zu den Menschen kamen? Ist vielleicht deswegen in unseren Köpfen, dass Gott oben wohnt? Dass die Engel mit Flügeln - oder waren es Raumfahrer - aus dem Himmel zu uns kommen?

Schauen wir beim Propheten Hesekiel nach. Auch er sieht ein Raumschiff. Erst kommt der ungestüme Wind von Norden, dann eine mächtige Wolke, loderndes Feuer und mitten im Feuer war blinkendes Kupfer (Bei Johannes ist es glänzendes Erz.). Dann ist von Gestalten die Rede, und von Rädern, die in jede Richtung sich bewegen konnten. Und, und, und. (Hesekiel, 1,1-28; 3,12-15; 8,2-3; 10,1-22)
Wie erscheint ‚Gott' Mose? Es ist von Donner, Blitzen, schwerem Gewölk, schmetterndem Posaunenschall die Rede. Dann kommt Rauch dazu, und schließlich kam, wie in der Offenbarung auch, der ‚Herr' im Feuer herab. Der Posaunenschall wurde stärker. Die Leute zitterten und blieben fern stehen. Logisch, denn wären sie näher gekommen, hätte das Antigravita-

tionsfeld des Raumschiffes sie getötet. Jetzt ist es auch verständlich, warum das Raumschiff auf einem Berg landete (Oder oftmals auch in der Wüste, wo keine Menschenseele ist.). Schlicht und einfach, um niemanden zu verletzen (2. Mose, 19, 16-25, 20, 1-26). Ähnliches steht auch schon vorher im 3. Kapitel. Der Engel des Herrn erschien Mose in einer Feuerflamme, mitten aus dem Dornbusch heraus. Der Dornbusch brannte, der ‚Engel' aber nicht (2. Mose, 3, 1-4). Oder wie ist es, als Mose mit den Israeliten auf trockenen Boden durch das Meer ging? Wieder war eine Wolkensäule da, die das Meer teilte. Das könnte wieder diese Antigravitationskraft des Raumschiffes sein, oder wie es bei Mose steht, der Ostwind, der das Meer teilte.

„Die Herrlichkeit des Herrn" - ein Ufo

Das Publikum ist so einfältig, lieber das Neue als das Gute zu lesen. (Arthur Schopenhauer)

Und immer ist von der ‚Herrlichkeit des Herrn', der ‚Herrlichkeit Gottes' die Rede. Dieser Begriff zieht sich durch die ganze Bibel hindurch. ‚Und er schaute die Herrlichkeit Gottes.' Hier habe ich eine Liste mit den Zitaten, die ich in der Bibel gefunden habe, die meiner Meinung nach ganz deutlich auf Raumschiffe verweisen. Versuchen Sie, folgende Zitate einmal mit ganz neuen Augen zu lesen und zu erfassen. Probieren Sie es mal. Stehen Sie auf und schauen Sie sich alles Bekannte einmal aus einer höheren Perspektive an.

Altes Testament
 (1) 1. Mose 15, 17
 (2) 1. Mose 28, 12 (Himmelsleiter)
 (3) 1. Mose 35, 13

(4)   2. Mose 3, 1-4 (Der brennende Dornbusch)

(5)   2. Mose 10, 22 (Finsternis; vergleichen Sie dies mit der Kreuzigung von Jesus Christus)

(6)   2. Mose 13, 17-22

(7)   2. Mose 14, 19-21

(8)   2. Mose 19, 3 und 9-25

(9)   2. Mose 20, 18-21

(10)   2. Mose 24, 15-18 (40 Tage und Nächte auf dem Berg; vergleichen Sie dies mit der Zeit, in der Jesus Christus 40 Tage in der Wüste war. Oder waren sie beide vielleicht gar in einem Raumschiff?)

(11)   2. Mose 33, 9

(12)   2. Mose 34, 5

(13)   2. Mose 40, 34-38

(14)   4. Mose 9, 15-23 (vergleichen Sie dies mit dem ‚Stern‘ von Bethlehem)

(15)   4. Mose 19, 11-12

(16)   4. Mose 11, 25 und 31

(17)   4. Mose 12, 5 und 10

(18)   4. Mose 17, 7

(19)   5. Mose 4, 11 und 33 und 36

(20)   5. Mose 31, 15

(21)   2. Samuel 22, 8-15

(22)   1. Könige 8, 10-11

(23)   1. Könige 18, 44

(24)   2. Könige 2, 1 und 8

(25)   2. Könige 2, 11 (Elia fährt mit ‚feurigen Rossen‘ gen Himmel)

(26)   2. Könige 6, 17

(27)   Hiob 38, 1

(28)   Hiob 40, 6

(29)   Hesekiel 1, 1-28 (beeindruckende Beschreibung eines Raumschiffes)

(30)   Hesekiel 3, 12-15

(31)   Hesekiel 8, 2

(32)   Hesekiel 10, 1-22 (ebenfalls beeindruckend)
(33)   Hesekiel 16, 3 und 7
(34)   Daniel 7, 2-10 und 13
(35)   Daniel 10, 5-6 (vergleichen Sie dies mit der Offen-
         barung)
(36)   Jona 2, 1 und 11 (auch in Peru gibt es Seen, in die
         Raumschiffe regelmäßig herein und heraus fliegen.
         Dies ist für die dortigen Menschen an der Tages-
         ordnung. Erinnert dies nicht auch daran?)

Neues Testament
(37)   Matthäus 2, 2 und 9-10
(38)   Lukas 9, 34-35
(39)   Lukas 21, 27
(40)   Apostelgeschichte 1, 9-10
(41)   Apostelgeschichte 2, 2-3
(42)   Apostelgeschichte 9, 3
(43)   Apostelgeschichte 22, 6
(44)   Apostelgeschichte 26, 13
(45)   Offenbarung 1, 7 und 10-20
(46)   Offenbarung 4, 1-11 (Könnte das nicht das Innere
         eines Raumschiffes sein? Vielleicht bekommt er
         Videofilme oder sonst etwas Ähnliches gezeigt, wie
         die Zukunft auf der Erde aussehen könnte?)

Und es gibt zudem noch unzählige andere Stellen in der uns
bekannten Bibel und den vielen apokryphen Texten, wie die
Bücher Henoch oder die Himmelfahrt Jesajas, als den Propheten immer wieder ein ‚Engel Gottes', ein Cherubin, erschien.
Vielleicht waren dies gar keine Engel, sondern engelhafte Außerirdische (zum Beispiel 1. Mose 32,2)? Und Außerirdische,
die auf der Erde landen, haben keine Flügel. Stellen Sie sich
vor, diese Raumfahrer haben technische Geräte auf dem Rü-
cken, die dazu dienen, die Schwerkraft aufzuheben. Und wenn

diese Geräte ausgeklappt und in Betrieb waren, dann könnte es doch sein, dass es so aussah, als ob sie Flügel hatten, oder? Die Cherubin waren Raumfahrer von anderen materiellen Planeten. Die Engel sind Geistwesen aus geistigen, immateriellen Welten, die teilweise früher schon oft selbst als Menschen inkarniert waren. Und beide, die Cherubin und die Engel, haben keine Flügel.

Die Kabbala: was steckt dahinter?

Die Wahrheit ist mitunter eine so mächtige Kraft, dass nicht alle Ohren sie ertragen können. (Brunhild Börner-Kray)

Das Wort Kabbala kommt aus dem Hebräischen. Sie ist die esoterische Geheimlehre des Judentums. ‚Qabal‘ bedeutet ‚empfangen‘. Da die Kabbala sehr komplex ist, möchte ich nur ganz kurz auf den theoretischen Teil der Kabbala eingehen. Man nannte die Kabbala früher „das Werk des Streitwagens". Ein anderer Begriff, der im Zusammenhang mit der Kabbala sehr oft genannt wird, ist Merkaba. Merkaba bedeutet „das Vehikel, der Wagen, auf dem Gott seine Botschaft den Menschen zukommen lässt". Interessante Worte: Empfangen, das Werk des Streitwagens, der Wagen, auf dem Gott seine Botschaft den Menschen zukommen lässt. Lassen Sie sich diese Begriffe einmal auf der Zunge zergehen. Ein Streitwagen, der aus dem Himmel kam. Ein Wagen, auf dem Gott seine Botschaft den Menschen zukommen lässt.

Schauen wir einmal auf den Propheten Hesekiel. Er sah ein Raumschiff und beschrieb es sehr genau. Wie sollte er aber wirklich verstehen, was da vor sich ging. Man darf nicht vergessen, dass die normalen Menschen damals in diesen Breitengraden nicht einmal wussten, dass Menschen zu töten ein sehr großer Fehler ist. So wurde aus einer wahren Begebenheit, die wirklich körperlich, materiell stattfand, eine Vision. So wurde aus einer Realität eine Fantasie. So wurde leider eine mystische Vision von den Kabbalisten geboren, die auch nur symbolisch erklärt wird.

Die Wahrheit ist sichtbar, aber in Hunderten von Jahren ging diese Wahrheit unter. Hinter Auslegungen wie, die Räder symbolisieren die Planeten des Sonnensystems, und der ganze Streitwagen das Sonnensystem selbst. Der Mensch, der Löwe, der Stier und der Adler symbolisieren vier Stämme Israels. Auslegungen über Auslegungen. Dabei war es damals nur eine Beschreibung eines Raumschiffes. Und es war ein Prophet, der diese Menschen von anderen Sternensystemen sah und die Botschaften im Namen der Menschheit empfing. Und ein Raumschiff hat absolut nichts mit Mystik zu tun. Absolut nichts. Ein Raumschiff ist größere Realität als irgendeine Vision. Nichts verwunderliches oder wunderbares.

Die Engel der Bibel und anderer Aufzeichnungen waren Besatzungsmitglieder von Raumschiffen. Diese Auffassung ist nicht revolutionär, sondern logisch. Raumschiffe gehören zur Materie, Menschen von anderen Planeten, die diese verlassen und auf der Erde wandeln, auch. Engel aber gehören zur unsichtbaren Welt. Und es wäre auf jeden Fall ein viel größerer Aufwand seitens der Schöpfung, Geistwesen, Engel auf diesem finsteren Planeten zu materialisieren, als Raumschiffe von anderen Planeten landen zu lassen.

Was für ein Tamtam um diese Erzählung des Propheten Hesekiel. Und es scheint, dass sich daraus eine ganze Philosophie aufgebaut hat. Hunderte, Tausende Deutungen dieser wahren Begegnung. Es wurde hinzugedichtet, diskutiert, Gedanken wurden verschwendet. Was könnte Hesekiel gemeint haben? Wie ist es zu verstehen. Aus purer Realität wurde eine Vision, und aus der Vision wurden Symbole. Dabei war es nur ein Raumschiff, das auf der Erde gelandet ist.

Eine Vision

Ein Freund ist ein Mensch, vor dem man laut denken kann.
(Ralph Waldo Emerson)

In der Zeit, als ich mit meinen fünf Freunden in Ägypten weilte, hatte ich eines sehr frühen Morgens eine Vision. Wir holten in aller Frühe Rashid ab und machten uns auf den Weg in Richtung Pyramiden und sattelten unsere Kamele. Märchenhaft schön sollen sie beim Sonnenaufgang aussehen, die drei Giganten. Wir ritten in die Wüste Richtung Pyramiden, kamen an einem schönen Aussichtspunkt an und hatten jetzt eine Menge Zeit für uns. Die Plattform, an der wir Halt machten, bot sich förmlich an, zu verweilen. Ich setzte mich alleine auf den Boden und genoss einfach den Anblick der Pyramiden und der Sphinx, teilweise verdeckt durch Nebelschleier. Dieser Moment wurde immer heiliger, bis er zur Unvergesslichkeit reifte.

Ich war in einer anderen Welt. Ich wusste in mir, dass es vor ca. 11.000 Jahren war. Mit offenen Augen saß ich da und sah auf einmal, wie alles grün um mich und um das ganze Pyramidengebiet wurde. Die Sphinx schaute genau in Richtung aufgehende Sonne. Und auf einmal sah ich in dieser grünen Oase Hunderte von Menschen in den schönsten farbigen Gewändern stehen. Ihre Heimat waren viele andere Planeten im Universum, die von Menschheiten bewohnt sind. Diese hier befanden sich auf der Erde in einer Schulung. Sie schauten alle in Richtung Sonnenaufgang. Man hörte den Wind in den Palmen, ebenso im Sand und in weiter Ferne ein wenig Wasserrauschen. Sonst war es absolut still. Die Menschen versammelten sich jeden Morgen hier, beteten zu Gott und begrüßten den neuen Tag.

Diese Vision war Realität. Letztens wurde sie mir sogar durch eine Fernsehsendung bestätigt. Zwei Forscher stellten fest, dass die Pyramiden wenigstens um die 11.000 - 12.000 Jahre alt sein mussten. Zum einen, wenn man die Erosionsspuren in den Granitsteinen der Pyramiden betrachtet, und zum anderen die damalige Sternenkonstellation, die sich im Bau der Pyramiden zeigt. Die ägyptische Kultur existierte aber zu dieser Zeit noch gar nicht. Sagt die heutige Wissenschaft.

Sind wir alle Außerirdische?

Du kannst kein Buch öffnen, ohne etwas daraus zu lernen. (aus China)

Meine Vision und der Gedanke, dass dies alles Menschen mit einem Ursprung auf anderen Planeten waren, beschäftigen mich bis heute. Es ist für mich zugleich klar und unglaublich. Was machten diese Wesen hier auf der Erde? Ist die ägyptische Kultur durch Außerirdische entstanden? Was war vor Ägypten?

Schon in meiner Jugend las ich Bücher von Erich von Däniken. Das Thema faszinierte mich schon früh. Eigentlich waren die Gedanken von ihm gar nicht einmal revolutionär, sondern logisch. In den letzten Jahren erinnerte ich mich an von Dänikens Gedanken und ich fing wieder an – jetzt aber mit einem ganz anderen Bewusstsein - Bücher zu wälzen und weiter zu forschen. Interessante Entdeckungen machte ich: In allen Kulturen werden Götter verehrt, die aus dem Himmel herabstiegen. Und in allen Schriften steht übereinstimmend, wollen diese Götter wiederkommen, wenn sich die Menschen nicht richtig verhalten.

Ich möchte jetzt nicht ausführlicher auf diese ganzen Schriften, Erfahrungsberichte, auf die Tausende von Zeichnungen, Reliefs, Steinmonumente und Skulpturen, die eine Gründung von

Kulturen durch Außerirdische bezeugen, eingehen. Das würde den Rahmen dieses Buches erheblich sprengen. Beweise gibt es genug. Sie werden nur nicht von offizieller Seite anerkannt. Ich möchte hier aber die Wichtigkeit dieses Themas „Gründung von Kulturen durch Außerirdische" verdeutlichen.

Auf jedem Kontinent, in jeder Kultur gibt es Hinweise auf ‚Götter', auf Außerirdische, die auf Wolken oder in Barken auf die Erde niederkamen und wieder im Himmel verschwanden. In allen Kulturen wurden diese ‚Götter' als fliegende Schlangen oder Drachen dargestellt. Dies würde auch erklären, warum einige Kulturen aus dem Nichts entstanden sind. Ohne Entwicklungsgeschichte, gleichzeitig mit einem festen Glauben an das Göttliche und mit einer fertigen Schrift, die laut der Anthropologie immer ein Zeichen einer weit entwickelten Kultur war.

Warum bin ich so sicher, dass die Außerirdischen, wenn sie überhaupt in die Nähe der Erde kämen, denn unbedingt gute Absichten haben? Gibt es denn in diesen Bereichen nicht auch negativ eingestellte Außerirdische? Ich glaube nicht, denn ich kann es mir nicht vorstellen, dass es das göttliche Geschick zulassen würde, dass eine Menschheit, die negative Absichten hat, andere Planeten besucht und diese Planeten in Gefahr bringt oder zerstört. Klar, wir Erdenmenschen fliegen auch ins All, aber wir kommen nicht weit. Wir kommen bemannt nur bis zum Mond. Weiter werden wir es auch niemals schaffen, denn mit unserem beschränkten geistigen Horizont und unserem Machtdenken könnten wir viel Gefahr für andere Planeten bringen. Oder glauben Sie, dass die Amerikaner oder Russen, wenn sie die Möglichkeit hätten, den Fuß auf andere Planeten zu setzen, ohne einzige Waffe reisen würden? Würden sich diese beiden irdischen Mächte nur auf Gott verlassen?

Wenn es um das Thema Außerirdische geht, versuchen leider gewisse Kräfte alles Menschenmögliche zu tun, um zu verhindern, dass die Wahrheit an den Tag kommt. Alles würden die Regierungen, die Wissenschaftler und andere staatliche Behörden tun, um die Wahrheit um das Thema Außerirdische zu vertuschen. Mal wird die Taktik der Verleugnung benutzt, mal wird alles ins Lächerliche gezogen und wenn das auch nichts nutzt, dann wird uns Menschen Angst gemacht. Und wieder stehen wir nicht auf.

Auf der Erde ist alles verkehrt herum

Wo das Bewusstsein schwindet, dass jeder Mensch uns als Mensch etwas angeht, kommen Kultur und Ethik ins Wanken. (Albert Schweitzer)

Was lehrten uns die größten Seelen, die je auf der Erde waren? Was war ihre Botschaft an uns Menschen? Sie lehrten, auf einen Nenner gebracht, immer nur Liebe und Vergebung. Und sie lehrten uns vor allem eines: Aufzustehen. Unsere ureigenste Macht nicht in die Hände anderer zu legen. Diese Lehrer waren in ihrer Ausstrahlung einfach und klar. Sie sprachen die Menschen an und brachten ihnen Geborgenheit und Klarheit entgegen. Sie rüttelten alle auf, ob mächtig oder arm. Sie stellten sich auf die Stufe derer, die sie ansprachen, aber erniedrigten niemals sich selbst oder andere. Aber wie ist es heute in der Welt? Die Menschen, die heute als große Seelen angesehen werden, besitzen machtvolle Positionen oder sitzen auf Thronen, bewacht von bis auf die Zähne bewaffneten Bodyguards.

Überlegen Sie einmal, wie viele Morde und andere Tötungsdelikte ein Mensch im Fernsehen sieht, bis er erwachsen ist? Oder wie viele Monster, Tiere oder Menschen ein jedes Kind in Computerspielen ‚tötet', bis es erwachsen ist? So ist es doch kein Wunder, dass eine Brutalität und Gewissenlosigkeit schon in den Grundschulen herrscht. Unter anderem macht mir Angst, dass irgendwann toleriert werden könnte, dass man es nur mit einer gewissen Unfairness zu etwas bringen kann. Oder dass Töten zum Leben dazugehört. Es macht mir Angst, dass Menschen, die in ärmlichen Verhältnissen leben, abgeurteilt werden, selbst daran schuld zu sein und diese Armut selbst verdient zu haben. Und es bereitet mir Sorge, dass in unserer Gesellschaft der Widersacher einen größeren Namen hat als Gott. Silvester wird lieber gefeiert als Weihnachten. Man wird schon sehr dumm angeschaut, wenn man sich öffentlich dazu bekennt, dass man an Gott glaubt. Dies alles macht mir Angst.

Wenn wir nur lernen würden zu verstehen, wie sehr in allen Bereichen unseres Lebens Verdrehungen vorkommen. In der Politik, vor Gericht. Es geht nur um Sieg und nicht um Wahrheit. In der Kirche wird die Wahrheit verdreht, nur um die Macht über die Gläubigen zu behalten. In Beziehungen verdrehen wir Probleme, nur um als der dazustehen, der Recht hat. Oder in der Werbung. Da wird gezeigt, in wunderschönen Naturbildern, wie umweltfreundlich dieses oder jenes Produkt ist und dabei bemerkt man nicht, dass genau das Gegenteil der Fall ist. Oder bei der Milch. Milch ist gesund und macht müde Männer munter. Schon seit Jahrzehnten wird uns das vorgegaukelt. Aber es zeigen schon zig Studien, dass der Mensch nur die Muttermilch braucht und keine Kuhmilch. Diese Verdrehung kam nur durch die Werbung. Oder es werden nachweislich saubere Flüsse als verdreckt in den Pressemeldungen beschrieben, nur damit die örtlichen Schwimmbäder gefüllt werden. Oder, oder, oder. Alles ist verdreht. Einfach alles. Dies ist keine Schwarzmalerei in Reinkultur, sondern Fakt. Dass es dies schon immer in unserer Geschichte gab, zeigt nur, dass auch unsere Lehrer falsch und nicht immer richtig aufgeklärt wurden, weil auch ihre Lehrer schon in Gesellschaften lebten, in der die Wahrheit nicht viele Freunde hatte.

Die Erde wird gefoltert

Wahre Menschlichkeit ist köstlicher als alle Schönheit der Erde.
(Johann Heinrich Pestalozzi)

Wenn ich in einer nachdenklichen, philosophischen Stimmung bin, dann stelle ich mir ab und zu vor, wie es wäre, im Weltall herumfliegen zu können. Dann würde ich ihn von weitem sehen, diesen wunderschönen Planeten, den wir Erde nennen. Blau würde er aus vielen Kilometern aussehen. Blau, einfach nur göttlich blau. Einer der schönsten Planeten im ganzen Universum. Wie würde der südamerikanische Regenwald aus einiger Entfernung aussehen? Oder die Sahara? Oder Australien?

Astronauten wären in meinen Augen die besten Präsidenten auf unserer Erde. Sie wüssten, was wirklich wichtig wäre: Die Rettung der irdischen Natur und die Erkenntnis, was wirklich wichtig ist. Was wäre wichtig zu retten, was auszumerzen, was zu unterstützen und was zu beenden? Oder mit anderen Worten: Anstatt einen Millionär als Weltraumtourist mit ins All zu nehmen, wäre es sinnvoller, dass sich jeder Präsident der Großmächte dazu verpflichtet, eine Woche im All zu verbringen und die Erde, um die es geht, aus dieser Sicht zu erleben. Und ich muss kein Prophet sein, um vorherzusagen, dass die meisten Präsidenten verwandelt auf die Erde zurückkommen würden.

Den Menschen sieht man nicht aus dem Weltraum, wie er hektisch durch sein Leben wuselt, aber die Auswirkungen seiner gewissenlosen Taten sind aus dieser Höhe unübersehbar. Die Klimaveränderung. Es sind dort Wolken zu sehen, wo vorher noch nie Wolken zu einer bestimmten Jahreszeit waren. Wirbelstürme wüten in Gebieten, die diese Ungetüme bisher nie zu sehen bekommen haben. Es ist ein Julitag im Jahre 2000, an dem ich gerade diesen Teil hier schreibe. Ein Monat, in dem früher die Sonne es liebte, unsere Seelen zu erfreuen. Aber statt dessen regnet es. Und das schon seit Wochen. Regen, Regen, Regen.

Ich möchte hier ein Zitat eines Santiners, eines außerirdischen Botschafters anführen, der sich ab dem Jahre 1958 über ein Medium in Berlin kundtat. In einer Zeit, in der Deutschland einen Aufschwung erlebte und fast niemand sich um globale Probleme kümmerte. Und in einer Zeit, in der die Menschen unter einem Medium nur die Zeitung und das Radio verstanden. Dieses Zitat ist aktueller denn je. Überzeugen Sie sich selbst:

„Die Erde ist in eine ‚magnetische Hülle' eingebettet. Diese Hülle wurde in den Anfängen eurer Atomforschung durch eine amerikanische Höhenbombe verletzt. Man wusste, dass dieser Eingriff in die kosmischen Naturvorgänge für die Erde gefährlich ist. Aber die Verantwortlichen schreckten nicht vor dieser Schandtat gegen den Kosmos zurück. Sie wagten das Loch in den Strahlungsgürtel. Es ist ein Wunder, dass die Erde noch nicht eine andere Rotation bekommen hat, denn sie dreht sich wie ein Motor zwischen den Magneten. Aber die Veränderung im magnetischen Verhältnis wirkt sich auf das Leben aus. Sowohl die Fauna und Flora werden davon betroffen. Der Rhythmus im Lebensprozess ist für lange Zeit gestört. Die Rotation der Erde betrifft auch die Luftmassen und die Ozeane, die auch zur Materie gehören. Noch ist die Rotation der Erdkugel nicht betroffen. Aber die Rotation der Luftschichten stimmt nicht mehr. Es bilden sich große Wirbel und auch große Luftlöcher, wie auch die ganze Strömung mittlerweile ziemlich durcheinandergeraten ist. Die Völker erfahren zwar durch die Presse, dass hier und dort ungeheure Überschwemmungen und verheerende Wirbelstürme vorkommen, die unvorstellbare Schäden verursachen. Aber man sagt nichts über die Entstehung dieser Katastrophen. Weil es solche Katastrophen schon

immer gegeben hat, so reiht man sie unter dieser Serie ein. Wer soll das kontrollieren? Im August des Jahres 1883 stürzten die Meeresfluten in den Krater des Krakatau in der Sundastraße zwischen Sumatra und Java. Die Folgen dieser Katastrophe sind euch bekannt. Die Insel flog infolge der ungeheuren Dampfentwicklung in die Luft. Ungeheure Flutwellen überfluteten fremde Länder und Küsten. Etwa 75.000 Menschen wurden getötet. Die Flut lief siebenmal um die ganze Erde. Die Rauchsäule der Eruption stieg 30.000 Meter in die Höhe und veränderte die Lichtverhältnisse auf der Erde. Ihr könnt euch vorstellen, was für Folgen eintreten würden, wenn sich eine große Narbe des Meeresgrundes öffnet und das Meer ins innere der Erde stürzt. Das wäre das Ende dieser Welt! Diese Dampfexplosion würde den ganzen Stern zerbersten lassen. Eine solche Explosion hat es schon einmal in eurem Sternensystem gegeben. Die Trümmer des ehemaligen Planeten Mallona, den ihr Asteroidengürtel nennt, ziehen noch heute, jenseits eures vierten Planeten, ihre Bahn um die Sonne. Ich warne vor den unterirdischen Atomversuchen! Die nicht zu beschreibende Rücksichtslosigkeit der politisch gelenkten Wissenschaft und Technik hat bewiesen, zu was man fähig ist. Die großen Katastrophen kommen auf ihr Konto. Im Bereich des Erdinneren erhöhen sich die Spannungen. Die Erde besitzt einen gewaltig großen Kern, der aus einem einzigen Diamanten besteht. Von diesem Diamanten gehen gewaltige Strahlen aus, die den Gegenpol zum kosmischen Strahlengürtel darstellen. Zwischen diesem Kern und der Erdoberfläche befindet sich eine Spannungszone, deren Druck durch die Atomtests im Inneren verändert wird. Dieser Druck kann sich infolge des überaus festen Kerns der Erde nicht nach dem Inneren verteilen, sondern der Überdruck in der Spannungszone richtet sich nach außen, also zur Erdoberfläche. Wenn sich der Druck weiter erhöht, so findet er schließlich keine Verteilung mehr und sucht sich mit ungeheurer Kraft einen Ausweg. Diese Explosion braucht nicht durch ein Ventil der Erde zu erfolgen. Es muss nicht ein Vulkan sein, der den Überdruck reguliert. Jede dünne Stelle der Erdkruste kann zum Bersten kommen." (Auszug aus „Friede über alle Grenzen" des Bergkristall Verlages)

Dies sind Worte, die wach rütteln sollen, die zeigen sollen, wie mit unserem Planeten Erde gespielt wird. Ich bin felsenfest der Überzeugung, dass diese globale Katastrophe nicht eintreten und dass vorher von göttlicher Seite eingegriffen wird. Denn, wenn nochmals ein Planet in unserem Sternensystem in die Luft fliegt, hat das nicht nur Auswirkungen auf unser Sternensystem, sondern auf das größere System, in dem unser Sternensystem eingebettet ist. Das alles zeigt, wie prekär die Lage auf der Erde ist. Und wir Menschen haben in den Industrieländern nichts anderes zu tun, als Geld anzuhäufen und, täglich grüßt das Murmeltier, Fernsehen zu schauen. Wir bekommen die Folterung der Erde täglich in den Nachrichten und Zeitungen mit. Es ist Zeit. Wir sollten anfangen, aufzustehen.

Die Natur rettete mein Leben

Um an die Quelle zu kommen, muss man gegen den Strom schwimmen (Stanislaw Jerzy Lec)

Es war in der Zeit, als ich in Bärbels Bann gefangen war. Ich war gerade in ihre Stadt gezogen und wusste, dass ich mich nach einer Arbeit umschauen müsste, hatte aber nicht die Kraft es wirklich zu tun. Ich war damals, wie schon gesagt, der Ansicht, ein armer Sünder zu sein, der sich von seinen ganzen Lasten befreien musste in Form eines Frondienstes. Ich war damals nicht mehr Herr meiner selbst und doch führte mich eine höhere Macht. Es kam auf einmal eine Idee in meinen Sinn, mich in einem katholischen Alten- und Pflegeheim zu bewerben. Ich bewarb mich um eine Bürotätigkeit, doch die oberste Schwester teilte mir mit, dass sie mir leider keine Stelle anbieten könne. Ich hatte Industriekaufmann gelernt und war davon ausgegangen, Gott werde mir schon einen guten Job besorgen. Ich war kurzzeitig sehr enttäuscht, doch augenblicklich entschied ich mich und fragte sie, ob ich auch eine gewisse Zeit ohne Lohn in ihrem Heim arbeiten dürfte. Egal welche Arbeit. Sie überlegte kurz und sagte mir zu. Aber nicht im Büro, sondern im Garten. Als Gegenleistung gab es Frühstück und Mittagessen.

Gartenarbeit. Als Hilfsgärtner wühlte ich täglich vier Stunden in der Erde, rechte Blätter zusammen, pflanzte Bäumchen um, mähte den Rasen und befreite die große Wiese von unzähligen Disteln. Da ich damals immer noch täglich zu Bärbel ging, im wahrsten Sinne in die Höhle des Bösen, sorgte das göttliche Geschick über diese spontane Entscheidung dafür, dass ich in dieser schweren Zeit die Kraft und ‚Erdung‘ durch die Natur bekam, die meine Seele so bitter nötig hatte. Ich war damals – wie schon gesagt - nicht mehr ich selbst und hatte den Kontakt zu meiner Seele verloren. Der Kontakt meiner Hände mit der Erde und das immerwährende Arbeiten unter freiem Himmel waren meine Rettung. Ich weiß, dass diese viermonatige Zeit in der Natur in diesem katholischen Heim mein Leben rettete. Denn zwei Monate später löste ich mich endgültig von Bärbel, dem Barbaren. Ich bekam wieder Kraft, fühlte mich nicht mehr tot und ich erinnerte mich wieder an Reiki, das ich Jahre zuvor erlernt hatte.

Reiki und sein Missbrauch

Die Art, wie man gibt, ist mehr wert, als was und wie viel man gibt.
(Pierre Corneille)

Reiki ist eine der wundervollsten Möglichkeiten, die Wirkungsweise von göttlicher Energie an sich selbst zu spüren. Ich möchte hier nicht die Geschichte von Reiki erklären, denn das ist in meinen Augen unwichtig. Die Reiki-Lehrer mögen mir verzeihen. Durch die Reiki-Anwendung wird uns durch die Geistige Welt Lebensenergie zugeführt. Diese Energiezufuhr, die man mit dieser Kraft bekommt, hilft uns zu einer Veredelung unseres Charakters. Mittels Handauflegen werden wir näher zu uns geführt und wir spüren durch die Entspannung den Frieden und merken, wie wichtig die Langsamkeit heutzutage im Leben ist. Und genau dies finde ich persönlich am wichtigsten, wenn es um Reiki geht. Es ist doch wirklich gleichgültig, wie diese Energie heißt oder wie alles richtig funktioniert und schon gar, wer sie wiederentdeckt hat. Ich persönlich finde, dass Reiki uns die Langsamkeit lehrt. Die Hektik aus unserer schnelllebigen Zeit herauszunehmen. Zeit zu haben und sie sich auch zu nehmen. Dann kommen wir automatisch immer mehr in unsere Mitte. Und dies führt zu einer Besserung unserer Lebensqualität.

Hier möchte ich von meinen Erfahrungen sprechen, die ich mit Reiki gesammelt habe. Und von Menschen, die ich in diesen vielen Jahren erlebt habe, die Reiki praktizieren. Auch ich bin leider eine ganze Zeit auf diesem „Ich-rette-die-Erde-mit-Reiki"-Zug mitgefahren. Damals dachte ich immer, ich gebe jetzt der Erde Kraft und Energie, nachdem ich die Weisheit mit Löffeln gefressen hatte, und in wenigen Jahren sind meine Freunde und ich und die Erde wieder gesund. Voll hineingetappt in die hinterlistige Gedankenfalle „Ich-habe-viel-geholfen-und-Gott-hat-gesehen-wie-gut-ich-bin-und-jetzt-wirdes-mir-hoch-angerechnet,-da-ich-auch-einer-der- auserwählten-Menschen-bin,-die-von-Reiki-erfahren-haben-und-ich-jetzt-zu-einem-eingeweihten-Mystiker-geworden-bin,-der-schon- weit-auf-seinem-spirituellen-Weg-fortgeschritten-ist." Hinfort war ich geschritten. Aber ganz weit fort. Weg von der Realität. Ein riesiger Hochmut lässt grüßen.

Ich habe viele Menschen kennen gelernt, die meinen, dass jetzt jeder erfahren muss, wie Reiki wirkt und was Reiki für eine Revolution ist. Sie drängen jedem Menschen ihre Dienste auf. Und jeder Drang ist pure Gewalt. Vielmals sogar, ohne diese Person zu fragen. Vor allem geschieht das bei Reiki 2, bei der Methode, über die Ferne göttliche Energie zu übermitteln. E-ben mal schnell der Erde Reiki schicken. Oder der Bekannten, deren Fingernagel abgebrochen ist. Die wenigsten Menschen fragen den Planeten Erde, ob er Energie von dieser Person möchte. Die wenigsten der Menschen fragen die Personen, ob diese es auch wollen. Denn im Zweifel baut man eine kleine Formulierung mit ein, dass die betreffende Person die Energie nicht aufzunehmen braucht. Ansonsten soll diese Energie von der Geistigen Welt anderweitig benutzt werden. Nur frage ich mich, was soll die Geistige Welt mit einer Energie anfangen, die vom Geist des Missionierens, des bewussten Aufdrängens, verseucht ist? Die Geistige Welt kann diese Energie nur wieder neutralisieren und dadurch Schlimmeres abwenden. Ganz wenige Menschen habe ich kennen gelernt, die die Reiki-Energie aus ihrem Herzen in Gottes Hände legen und von ihren geisti-gen Helfern an die betreffenden Personen weitergeben.

Letztens hatte ich ein paar Tage, in denen ich mich einfach zu nichts aufraffen konnte. Zu gar nichts. Dann telefonierte ich mit einer Bekannten, die schon von meinem nicht Wohlfühlen gehört hatte und sagte mir, sie hätte mir Reiki geschickt. Einer-seits fand ich das sehr schön, dass sie an mich gedacht hatte, aber zum größten Teil fand ich es einfach nur aufdringlich und anmaßend, dass sie meinte, beurteilen zu können, dass ich in diesem Moment Reiki bräuchte. Sie hätte mich fragen können. Dann hätte ich entweder ja oder nein gesagt. Wieder wurden meine Grenzen überschritten. Wieder wurde mir etwas aufgedrängt.

Ebenso geht es mir in der Reiki-Szene mit dem Ausspruch ‚Ich bin nur Kanal'. Soll bedeuten, ich stelle meinen Körper für die Übermittlung dieser Energien für andere Personen und Lebewesen zur Verfügung. Als Medium. Auch das ist nicht falsch, wenn es nicht von vielen in einer Form von Anmaßung gesagt und getan wird. Wer kann von sich behaupten, dass er sein Bewusstsein gänzlich ausschalten und die Geistige Welt arbeiten lassen kann? Wer kann dies? Ich kenne niemanden. Und genau dieser scheinheilige Hochmut, verpackt in einem wunderschönen Mantel der Demut, nur ‚Kanal zu sein', hat sich schon wie eine Seuche in der Reiki- und Eso-Szene ausgebreitet.

An einem Wochenende vom Schüler zum Meister

Geduld ist der Mut der Gelassenen. (Verfasser unbekannt)

In früheren Einweihungsschulen war man mehrere Jahrzehnte mit Lernen beschäftigt, um eine gewisse Weisheit zu bekommen, die sich auf Erfahrung aufbaut. Und die bekommt man ja bekanntlich nur durch viel Zeit und nach einigen Umwegen. In der heutigen New Age-Szene ist dies aber etwas anders. Heute besucht man mal eben ein Wochenendseminar und nach zwanzig Stunden Wissensvermittlung meint man, anderen Menschen helfen zu können, anderen Menschen Energie übertragen zu können, oder sogar Seelen der Menschen aus irgendwelchen Zwischenreichen zurückzuholen. Bitte passen Sie auf, denn hier sind an jeder Ecke Fallen und Verführungen aufgebaut. Niemand kann dies nach einem Wochenende. Niemand von uns kann die Probleme an einem Wochenende hinter sich lassen. Diese Seminare sind dazu da, ein neues Bewusstsein zu bekommen, um das tägliche Leben einmal von einer anderen Seite anzuschauen. Und alles ein bisschen leichter und ruhiger zu sehen. Und normalerweise müssten diese Seminare und Veranstaltungen dazu dienen, wieder seinen Gottglauben zu gewinnen. Wir sind alle hier, um uns wieder mit uns (oder Gott) zu versöhnen. Und dies geht nur, wenn wir den göttlichen Aspekt mit einbeziehen. Für diese Versöhnung kann an einem Wochenende ein Samen gepflanzt werden, aber daraus wird nicht 48 Stunden später eine Blume. Das müssen wir begreifen. Und wenn wir in diesem Dschungel nicht aufpassen, nehmen wir einen der unzähligen Wege, der zu einem riesigen Umweg ohne Wiederkehr werden kann.

Stellen Sie sich einmal Ihren Lieblingsbaum vor. Wie viele Jahre hat er gebraucht, so unermesslich groß und schön zu werden? Fragen Sie ihn nach seiner Geschichte. Er wird ihnen antworten.

Blick in den Anzeigen-Dschungel der Esoterik

Begreife deine Grenzen, und du wächst in den Himmel hinein.
(Theodor Becker)

Ich habe mir einmal den Spaß erlaubt und in viele der heutigen Esoterikblätter und Werbeunterlagen mancher Ausbildungszentren hineingeschaut. Es ist wirklich bemerkenswert, was man da so an seltsamen Dingen findet und wie dreist sich viele dieser Menschen anbieten. Eine Hellseherin wirbt mit einer bombastischen Anzeige, dass sie fremdes Karma auflösen kann. Wow! Und dann ist sie noch in vielen Ländern bekannt. Als ob dies etwas über ihre Ethik und die Qualität ihrer Arbeit aussagt. Aber versuchen kann man es. Andere wollen mal eben ätherische Heilwirkungen kopieren und mit einem psychodynamischen-prozessorientierten Ansatz das Ich von belastenden Gefühlszuständen befreien. Verstehen Sie, was dies bedeutet? Dann liest man etwas von einem Dimensionswechsel, den man erlernen kann. Ist nicht der Tod ein solcher? Hier ist wohlgemerkt von einem Wechsel die Rede, nicht von einem kurzen Aufenthalt. Wieder andere preisen sich als Magier an, die den alten Lebenspartner zurückholen oder einen neuen herbeizaubern können. Weitere ‚Großmeister' machen feinstoffliche Korrekturen an unserer Seele oder preisen ewige Erleuchtung an. Besetzungen werden mal eben über die Ferne geheilt. Fernschulen gibt es, die Medien ausbilden, ohne den Menschen auch nur einmal gesehen zu haben. Aufstiegsprozesse werden beschrieben (Wohin?). Mittlerweile ist die Rede von 32 (!!!) Energiezentren in den unterschiedlichsten geistigen Körpern, die uns umgeben. Die sieben alten, die noch vor 10 Jahren im Gespräch waren, sind manchen wohl mittlerweile zu wenig. Wie bekomme ich Kontakt zu aufgestiegenen Meistern? Andere arbeiten mit Meistern, die sich Samael (Satan) nennen. Oder sie gründen ein Reiki-College, lehren, wie man hohe Lichtwesen channeln kann. Dann liest man Tipps, wie man der galaktischen Föderation beitreten oder in der santinisch-venusischen Bodentruppe eingesetzt werden kann. Seminare gibt es, in denen man erfahren kann, Gott zu sein. Lesen Sie bitte genau, was dies bedeutet. Weiterhin liest man von sagenhaften Atlantissteinen, die besonders kraftvoll sein sollen (und besonders teuer). Logisch, dass sie dann von atlantischen Meistern aufgeladen sind. Neulich las ich sogar von einer spirituellen Weltenlehrerin mit 14 Fachgebieten. Ob sie sich in zwei Jahren vielleicht schon Gott nennt? Man liest dann Seitenweise Anzeigen mit Treffen, an denen sogenannte Erleuchtete teilnehmen, die ihr Leben der Realisation von erleuchtetem Gewahrsein, der Essenz der Realität widmen.

Ich verstehe einfach nicht, was dies alles bedeutet. Wenn es Ihnen auch so geht, seien sie getrost, Sie sind nicht allein. Was gibt es wohl mittlerweile auch noch im Internet an Auswüchsen des Könnens einiger Möchtegerngurus. Eines ist mir aber klar geworden: Die weißen Schafe zu finden wird immer schwieriger. (Am Ende des Buches finden Sie eine Checkliste, die Ihnen erleichtern wird, weiße von schwarzen Schafen der New Age-Szene zu unterscheiden.)

Bücher über die Heilkraft der Schokolade gibt es. Eine Anleitung, wie Sie sich nur von Licht ernähren, auch. Irgendwann kommt der revolutionäre Trend überhaupt: Wie Sie nicht mehr zu atmen brauchen! Allerdings wird ein Wochenende, um dies zu erlernen, bestimmt um die 20.000 Euro kosten. Exklusiv für Sie. Dann können Sie sich ‚Kosmischer Atem Meister‘ nennen. Nein, englisch klingt so etwas bekanntlich besser. ‚Cosmic Breath Master‘, kurz CBM. Es bleibt dann nur die Frage offen, wie lange sie diesen Titel noch tragen werden ...

Esoterische Unwörter

Achte auf deine Gedanken, denn sie werden deine Worte.
Achte auf deine Worte, denn sie werden deine Handlungen.
Achte auf deine Handlungen, denn sie werden deine Gewohnheiten.
Achte auf deine Gewohnheiten, denn sie werden dein Charakter.
Achte auf deinen Charakter, denn er wird dein Schicksal.
(aus dem Talmud)

Letztens fand ich in einem Buchladen das ‚Lexikon der Unwörter‘. Ein absolut faszinierendes Buch mit vielen Wörtern zum Nachdenken, was man einfach so liest oder in der Werbung hört. Hier sind einfach einmal die letzten ‚Unwörter des Jahres' der letzten Jahre: ausländerfrei, ethnische Säuberung, Überfremdung, Peanuts, Diätenanpassung, Rentnerschwemme, Wohlstandsmüll, sozialverträgliches Frühableben, Kollateralschaden. Das Unwort des Jahrhunderts wurde von der Jury, die darüber berät, auch schon gefunden: Menschenmaterial.

Aber nicht nur im täglichen Leben gibt es solche Schein-Wörter, sondern gerade auch in einzelnen Bereichen wie in der Esoterik. Wie wäre es einmal mit einem ‚Esoterischen Unwort des Jahres'? Was hätte da die Jury zu tun, um unter den verschiedensten Begriffen die besten herauszufinden.
Wie wäre es mit Aufstiegsprozess?
Oder Erleuchtung?
Oder mit galaktischen Föderationen?
Wie wär's mit feinstofflichen Korrekturen?
Oder mal englisch: Activator ball?
Practitioner-Therapy?
Channeln?
Oder auch mal indisch: Chakras?
Parabrahman?
Oder Satsang?
Oder noch besser: Karma?

Wenn man zum Beispiel von Pflanzenschutzmitteln hört, dann scheint es etwas Gutes zu sein. Da aber neben dem Pflanzenschutz auch Tiere direkt getötet werden, und beim nächsten Regen dieses ganze Gift in die Erde und ins Trinkwasser gespült wird, bekommt der Pflanzenschutz einen sehr giftigen Beigeschmack. Hier erkennt man, was hinter so normalen Begriffen steckt. Wie ist es aber jetzt mit Themen wie ‚Auraschutz', ‚Reinigung von Fremdenergien' oder ‚Befreiung von karmischen Verbindungen'? Was schützt und tötet man zugleich? Was reinigt und vergiftet man? Was befreit und was tötet man? Woher wollen wir das wissen? Denken Sie einfach mal so darüber nach, was uns im täglichen Leben vorgegaukelt wird.

Übrigens: Mein persönliches esoterisches Unwort des Jahrhunderts wäre: ‚Esoterik‘.

Wahrhaftigkeit

Überzeugungen sind gefährlichere Feinde der Wahrheit als Lügen.
(Friedrich Nietzsche)

Vor vielen Jahren, noch in meinem ‚alten‘ Leben in Darmstadt, habe ich ein Fernstudium ‚Werbetexten‘ angefangen und nach zwei Jahren auch erfolgreich abgeschlossen. Ich wollte später unbedingt in die Werbebranche wechseln. Das war mein größter Wunsch. Während dieser Zeit habe ich auch Praktika in Werbeagenturen gemacht und besuchte Seminare und Vorträge von erfolgreichen Werbefachleuten. Ich liebte es zu texten, Ideen zu finden und an Wörtern herumzubasteln. Schön war die Zeit. Schließlich wurde ich von meiner Fernschule zum Werbetexter des Jahres gekürt. Das gab mir Mut für die Zukunft.

Aber irgendetwas, das ich nicht greifen könnte, gefiel mir nicht. Was war es wohl? Was bedrückte mich, je länger ich textete, obwohl ich Erfolge vorzuweisen hatte? Lange war dieser Teil meines Lebens in der Tiefe der Erinnerung vergessen, bis ich vor kurzem eine Reportage über eine Werbeagentur im Fernsehen sah. Und da wusste ich, warum ich zum Glück nicht in der Werbebranche gelandet war. Die Werbung will unter allen Umständen verkaufen. Egal was es kostet. Egal wie.

Und das geht auf Kosten der Wahrheit und der eigenen Wahrhaftigkeit. Kennen Sie noch die folgenden Werbesprüche? „Von höchster Reinheit" (Ernte 23); „Der Duft der großen weiten Welt" (Peter Styvesant); „Autos lieben Shell" (Shell); „Ohne Krawatte ist der Mann die Hälfte wert" (Gemeinschaftswerbung Krawatte); „So wertvoll wie ein kleines Steak" (Gervais Fruchtzwerge). Alles gelogen. Auf Kosten der Wahrhaftigkeit. Zigaretten sind nicht hochwertig rein und sie duften nicht nach der großen weiten Welt. Zigaretten sind giftig. Autos lieben kein Benzin. Wenn sie lieben könnten, würden sie am liebsten mit Sonnenlicht oder anderer umweltverträglicher Energie fahren. Der Wert eines Menschen zeigt sich auch nicht an einem Kleidungsstück, sondern am Charakter. Und zu einem Steak kann man wohl nicht wertvoll sagen. Obst, oder Gemüse ist es. Aber kein Steak.

Schadstoffe wie Nikotin oder das Benzin werden als gesund und umweltverträglich hingestellt. Es wird bewusst gelogen, um zu verkaufen. Kein Slogan, kein Satz ist es wert, wiederholt zu werden, wenn er nicht wahrhaftig gemeint ist. Könnten Sie für eine Firma arbeiten, die nachweislich die Natur und Gottes Schöpfung bewusst zerstört? Ich auch nicht. Die Seele muss logischerweise verkümmern, wenn wir nicht mit unserem wahren Selbst, mit allen unseren Sinnen, mit unserer Seele schreiben. Egal was wir auch machen. Wir müssen unglücklich werden, wenn wir Dinge ohne unseren ureigensten Seelenkern tun. Ohne Liebe. Ohne das Glück der anderem im Sinn.

Sie brauchen nicht an Engel, an Ufos, an die Kirche oder sonst etwas zu glauben. Sie sollten aber an sich selbst glauben. An Ihre Kraft, an Ihre Wahrhaftigkeit. An das Licht, das in Ihrem Inneren brennt, an das Feuer, das in Ihrer Seele lodert. Denn genau diese Wahrhaftigkeit lässt uns unseren göttlichen Stolz in unserer Seele erkennen. Und das Gewissen ist rein. So wie Mahatma Gandhi einmal sagte: „Du darfst nur Brot essen, für das Du auch gearbeitet hast." Und Gandhi war die Verkörperung der Wahrhaftigkeit. Lassen Sie sich Ihr Brot und Ihre geernteten Früchte schmecken.

Der Ruf der Menschlichkeit

Frage Dich bei allem: „Hätte Christus das getan?" Das ist genug.
(Christian Morgenstern)

Die meisten Menschen auf diesem Planeten haben Wichtigeres zu tun, als sich Gedanken um Gott und die Welt zu machen. Milliarden hungern und verhungern, Millionen flüchten vor Krieg, Gewalt und Grausamkeit, und nur die wenigsten haben das Glück in westlichen Industrieländern zu wohnen und ohne Vergewaltigung oder Missbrauch aufgewachsen zu sein. Wie viele Menschen schauen wirklich über den Tellerrand ihres Lebens hinaus? Es gibt zum Beispiel Menschen, die
- merken gar nicht, dass es noch andere Menschen gibt.
- merken das sehr wohl, kümmern sich aber einen feuchten Kehricht darum.
- wissen, dass viel nicht ganz so positiv läuft, aber ihnen ist es egal.
- wissen nicht, wie man die Dinge ändern soll, die nicht so positiv laufen.
- wollen die Dinge ändern, die nicht zu ändern sind.

Und dann gibt es noch einige aus der New-Age-Szene, die meinen alles zu verstehen, da sie sich auf dem spirituellen Weg befinden, und wollen aus dieser Euphorie und dem Fanatismus die Erde retten. Dazu wird allerlei Schnickschnack benötigt, von Sternzeichenölen über Planetenessenzen bis hin zu irgendwelchen Christusenergie-Generatoren. So ging es mir auch. Ich war dankbar, dass ich in diese neue Welt eintauchen durfte und meinte, alles zu verstehen und um vieles Bescheid zu wissen. Was ich nicht wusste, war, dass das eigentlich Wichtige im Leben der menschliche Kontakt zu anderen Menschen ist. Ohne Christusgenerator und ohne ein Buch mit dem Inhalt ‚Wie liebe ich richtig?‘. Nur mit einer ehrlichen Offenheit und mit der Bereitschaft, Anteil zu nehmen und anderen Menschen zuzuhören. Die heutige Esoterik ändert nichts an den politischen und wirtschaftlichen Machtstrukturen und Hierarchien. Diese werden dadurch überhaupt nicht berührt. Das einzige worauf es ankommt, ist die Menschlichkeit. Allein dafür lohnt es sich zu leben.

Das zeigten zum Beispiel Jesus Christus, oder auch Mahatma Gandhi 1900 Jahre später, obwohl es Gandhi höchstwahrscheinlich peinlich wäre, dass ich ihn mit Jesus Christus vergleichen würde. Egal. Beide änderten an den Machtstrukturen nichts. Die Priester vor ca. 2000 Jahren und die Politiker vor ca. 60 Jahren wurden nur noch verbissener. Aber diese beiden wahrhaftigen Seelen haben sich auf der menschlichen Seite im persönlichen Kontakt uns normalen Menschen genähert. Sie haben den Problemen der Armen zugehört, sie haben sich um Kranke gekümmert. Das hat die Menschen geheilt. Das hat die Menschlichkeit auf der Erde um ein Vielfaches erhöht. Das hat Heilung bewirkt. Für Millionen und Abermillionen, auch für die Menschen, die diese beiden wahrhaftigen Menschen niemals getroffen hatten. Deshalb waren Jesus Christus und Mahatma Gandhi Heiler, Heilige und Heilande. Denn sie zeigten den Menschen das Heil und einen Schimmer des Heiligen Landes, des Geistigen Reiches, des Paradieses. Noch heute, 2000 Jahre bzw. 60 Jahre später erinnern sich Millionen Menschen an die Taten dieser großen Seelen. Sie erinnern sich, weil diese großen Seelen an alle anderen Seelen appelliert haben. „Steht auf!" riefen sie. „Steht endlich auf." Und dieser Ruf ist noch immer zu hören. Er wird immer lauter, gerade weil die Ungerechtigkeit, wie schon hinlänglich beschrieben, auf der Welt immer größer wird.

Die Wahrheit befreit

Die Wahrheit richtet sich nicht nach uns, sondern wir müssen uns nach der Wahrheit richten. (Matthias Claudius)

Jesus Christus und Mahatma Gandhi zeigten uns einen Schimmer der Wahrheit. Was uns Menschen befreit, ist das Wissen um die Wahrheit. Das Wissen der Wiedergeburtslehre und das Wissen, dass wir ein Teil einer kosmischen Gemeinschaft sind. Wenn wir erkennen und diese Erkenntnis zulassen würden, dass wir schon seit Tausenden von Jahren geborgen in den Händen einer außerirdischen Menschheit liegen, die uns beschützt und auf uns aufpasst, dann wären wir frei. Wenn wir empfinden könnten, was es bedeutet, dass wir immer und immer wiedergeboren werden, weil unsere Seele es selbst möchte und nicht irgendein strafender Gott dies uns vorschreibt, dann wären wir frei. Wenn wir verstehen würden, dass Gott uns liebt und auf unserem Weg führt, dann wären wir frei. Das ist Liebe und die Liebe macht uns frei.

Bis jetzt sind wir von den Launen der Kirche und ihren Vertretern abhängig. Die einen werden verdammt, die anderen nicht einmal angehört und die meisten von uns werden auf einen falschen Weg in der Abhängigkeit gelassen und noch weiter ins Dickicht geführt. Und das jetzt schon über viele tausend Jahre. Bis jetzt sind wir den Launen der Wirtschaft und ihrer Werbung ausgesetzt. Wir sind abhängig von den Launen des Staates, irgendwelcher Meinungsbildner, unseres Chefs, irgendwelcher Vereinsvorsitzender und, und, und. Immer sind wir von anderen abhängig. Immer sind wir Sklaven von Menschen, die denken, dass sie Macht haben, und vor allem denken wir, dass wir keine Macht haben. Aus diesem Grund waren Jesus Christus und Mahatma Gandhi auf diesem Planeten. Sie kamen für das Volk, für die einfachen Menschen, die nicht wissen, dass sie Macht haben und dass sie von den Mächtigen unterdrückt werden.

Jesus Christus befreite die Frauen aus ihrer Gefangenschaft, auch wenn der Weg zur Freiheit langsam vor sich geht, Gandhi befreite die Aussätzigen, die Minderbemittelten. Ihre Botschaft war immer: Steht auf, ihr Menschen. Steht endlich auf. Setzt euch für eure Freiheit ein. Ihr Seelen, lasst euch nicht von der Ungerechtigkeit verängstigen und abstumpfen. Setzt euch für die noch ärmeren ein. Ohne Kampf. Ohne Gewalt. Was könnte schlimmstenfalls geschehen? Die Körper können eingesperrt werden, die Körper könnten getötet werden, aber der Geist ist unendlich und frei. Das war ihre Botschaft.

Alle Menschen sind gleich. Jeder Mensch muss schlafen, essen und atmen. Kein Mensch ist besser als der andere. Die Königin von England ist nicht wertvoller als ein Lagerarbeiter in Halle 12 einer metallverarbeitenden Fabrik. Kein Mensch ist heiliger als ein anderer. Jesus Christus entlarvte durch seine Lehre die Scheinheiligkeit, die Arroganz und die Tyrannei der Priester, Gandhi die der britischen Besatzungsmacht in Indien. Dadurch wurde deutlich, mit welch seelischer Gewalt die Mächtigen ihre Macht, die ihnen gar nicht zusteht, verteidigen wollen. Der Diktator Pinochet sprach mal das aus, was diese Menschen von sich und den anderen Menschen halten: ‚Ich sehe die Sache von oben, weil Gott mich hierhin gesetzt hat.' Was für eine arrogante Überheblichkeit. Und solche Egoisten sitzen zu Tausenden in der ganzen Welt in wichtigen Positionen, wo sie vieles für die Menschlichkeit auf dieser Erde tun könnten. Jetzt ist die Zeit für das Wissen, das uns befreit.

Die Zeit der Geheimnisse ist vorbei!

Viele kleine Leute an vielen kleinen Orten, die viele kleine Dinge tun, werden das Angesicht der Erde verändern.
(aus Afrika)

Wir leben in einer wundervollen Zeit. Es ist eine Zeit gewaltiger Veränderungen. In keiner Menschheitsepoche zuvor war es für einen Menschen, der nach spiritueller Nahrung für seine Seele suchte, so leicht, Antworten zu finden. Denn so vieles Wissen, was noch vor wenigen Jahrzehnten nur „Auserwählten" vorbehalten war, wird heute förmlich ans Tageslicht geschwemmt. Wissen um den Urgrund der menschlichen Seele.

Der westliche Mensch ist ein Sammler. Er sammelt alles. Von Bierdeckeln über Elefantenfiguren bis zu Antiquitäten. Aber er sammelt auch Wissen. Jegliche Art von Wissen. Der Mensch weiß, dass es 1876 das erste Patent eines Telefons gab. Er weiß, dass zehn Jahre später das erste Benzinauto gebaut wurde. Er weiß, dass 1971 der erste Taschenrechner verkauft wurde. Der Mensch weiß, dass der VW Käfer das meistverkaufte Auto aller Zeiten ist, er weiß dass die größte Hochzeitstorte fünf Meter hoch war und 970 Eier enthielt. Er weiß, dass Ludwig XIV. am längsten von allen Monarchen regierte und dass die jüngste Insel auf unserer Erde sich am 6.6.1995 40 Meter aus dem Meer erhob. Der Mensch weiß, dass Spaghetti nicht aus Italien kommen, sondern aus China. Und er weiß mittlerweile, dass Spinnen keine Insekten sind, sondern Arachniden.

Der Mensch sammelt Daten und Fakten. In welcher Stadt werden die meisten Autos geklaut? Welche ist die meistverkaufte Single-Schallplatte aller Zeiten? Und welche populäre Beleidigung ist die Teuerste? Wissen, Daten, Fakten, Zahlen, Listen. Was nützt es aber, wenn der Mensch das gesamte Wissen dieser Welt hätte, aber einer alten Frau nicht helfen würde, den schweren Koffer die Treppe hinaufzutragen?

Der Mensch kennt die Bedeutung von SMS und er weiß, was ein Steuerschlupfloch ist. Was aber ist die Seele? Was ist unser Geist? Woher komme ich? Und wer bin ich überhaupt? Was ist der Sinn des Lebens?

Die Zeit der Geheimniskrämerei ist vorbei. Jetzt gibt es Antworten auf die Fragen für die Menschen, die wahrhaftig suchen. Die sich selbst besser kennen lernen wollen. Schon vor 2000 Jahren gab es eine solche Ära, die Jesus Christus einleitete. Er sprach zum normalen Volk in Gleichnissen und vermittelte somit neues altes Wissen und Weisheit denjenigen, die zwischen den Zeilen lesen konnten.

Heute ist wieder eine solche Zeit, in der viele Facetten der ewigen Wahrheit ans Tageslicht kommen. Aber heute gibt es viel mehr solcher Streiter für das Gute als damals. Endlich ist es an der Zeit, dass der Schleier des größten Geheimnisses unserer westlichen Welt gelüftet wird: Das Geheimnis der Wiedergeburt und der daraus folgenden Logik, dass wir, wie Jesus Christus, eine ähnliche Kraft und Macht haben und dass wir uns mit einer menschlichen Lebensweise uns selbst erlösen können.

Bald werden auch die Mauern des Geheimnisses um das größte Rätsel der Menschheit bröckeln: In absehbarer Zeit werden wir den Ursprung aller alten Kulturen unserer Erde auf anderen Planeten in unserem Weltall erkennen. Und: Seit Jahrtausenden treten außerirdische Raumfahrer mit uns Menschen in Kontakt.

Jetzt ist die Zeit für das neue alte Wissen, das uns befreien wird. Das Wissen wird die Geheimnisse zerschmettern. Ebenso die vielen Lügen und Fantasiegebilde der Wissenschaftler, der Kirchenvertreter und der Politiker. Es ist Zeit, dass wir um unsere Herkunft erfahren. Es ist Zeit, dass wir dadurch lernen aufzustehen!

Aufstehen!

Das Einzige, worauf es ankommt, ist, dass wir darum ringen, dass Licht in uns sei. (Albert Schweitzer)

Anhand meines Lebens, meiner Erfahrungen und was ich daraus gelernt habe, wollte ich Ihnen zeigen, was wirklich zählt, wenn wir den tiefen inneren Ruf unserer Seele hören. Den Ruf, einen Sinn im Leben zu suchen. Leider kenne ich viele, die den Ruf gar nicht hören. Nirgendwo ist es so leicht, diesen Sinn zu entdecken wie in der heutigen ‚Esoterik‘. Aber auch nirgendwo sonst ist es so leicht, seine Seele zu verlieren, wie eben in dieser Szene. Deshalb war es mir wichtig, vor den Gefahren zu warnen, die uns auf diesem Weg begegnen. In den meisten Büchern wird von schönen Erlebnissen in lichtvollen Sphären berichtet, und viel theoretisches Wissen wird unter die Menschen gebracht. Alles hat seine Berechtigung und seinen Wert. Aber meine Erfahrung zeigt mir, dass wir kein neues Wissen mehr gebrauchen können. Ist die Welt in den letzten Jahren besser geworden? Friedlicher und ruhiger?

Es geht nicht um Esoterik, es geht nicht um Spiritualität oder ähnliches. Es geht nur darum, unsere eigene Weisheit ans Tageslicht kommen zu lassen. Unsere Gefühle und Empfindungen, Berührungen und Freudentränen mit anderen Menschen zu teilen. Mensch zu sein. Erfahrungen auszutauschen. Neue Menschen und deren Leben kennen zulernen. Und genau hier liegt die Gefahr in der heutigen unüberschaubaren Welt. Keine Kirche kann uns erlösen, keine Esoterik kann uns erleuchten.

Nur wir haben den magischen Schlüssel, der genau in das Schloss passt, das die Türe zu unserem Herzen aufschließt.

Setzen Sie sich für den Frieden ein. Den Frieden in Ihrer Familie, in Ihrer Nachbarschaft, in Ihrer Stadt, in unserem Land. Setzen Sie sich für den Weltfrieden ein. Machen Sie diese Erde zu einem noch schöneren Planeten, als sie es schon ist. Pflanzen Sie Bäume. Schreiben Sie Leserbriefe, wenn Sie Ungerechtigkeiten entdecken. Lächeln Sie die gestresste Mitarbeiterin an der Kasse an. Oder winken sie einem Kind, wenn sich ihre Blicke kreuzen. Setzen Sie sich für den Frieden ein. Den Frieden mit sich selbst. Und den Frieden mit anderen Menschen. Aber schützen Sie sich vor Menschen, die meinen, etwas Besonderes zu sein.
Versuchen Sie es einmal. Sie können das. Sie sind mächtiger, als Sie glauben.

Dieses Ziel immer vor Augen zu haben, nur dies ist wichtig. Wir haben leider viel mehr Angst vor unseren Stärken als vor unseren Schwächen und Fehlern. Wir haben Angst zu erkennen, dass wir mächtig sind. Wir haben Angst, aufzustehen, uns gegen scheinbar übermächtige Personen zu wehren. Wir haben Angst uns mit unserer ganzen Seelenkraft dem scheinbar übermächtigen Tyrannen entgegenzustellen. Egal wer oder was dieser Tyrann ist.

Mahatma Gandhi zeigte uns dies. Er war kein besonderer Mann und hatte keine besonderen Fähigkeiten. In seiner Kindheit war er schüchtern, seine schulischen Leistungen waren unter dem Durchschnitt. Er hatte Angst vor Dieben, Geistern und Schlangen. Dunkelheit war für ihn eine Bedrohung. Als Jugendlicher rauchte er mit Freunden und stahl von den Eltern Geld für Zigaretten. Danach wollte er sich umbringen. Aber ihn verließ der Mut. Er war also ein ganz normaler Mensch. Das was ihn zum Sprecher des Gewissens der Menschheit machte, das, womit er dreihundert Millionen Menschen erweckt und das Britische Weltreich besiegt hat, war sein überdurchschnittlicher Wille, sich keiner Ungerechtigkeit zu beugen, seiner innersten Seelenkraft zu folgen und seine Liebe allen Lebewesen zu schenken. Mahatma Gandhi fiel oft hin. Er war jahrelang im Gefängnis. Aber er stand immer wieder auf. Und mit jeder Niederlage wurde er stärker. Er liebte es, aufzustehen.

Jesus Christus befreite sich aus seinen irdischen Ängsten und Fesseln. Er lehrte uns aufzustehen, indem er sich gegen die Priester erhob und aufstand. Er erhob sich gegen die Unmenschlichkeit und Ungerechtigkeit. Er wurde verspottet, beleidigt, am Ende gefoltert und gemartert. Immer und immer wieder. Er trug sein Kreuz. Immer wieder fiel er hin. Aber er stand jedes mal wieder auf. Er ist uns durch seine Hölle voraus gegangen. Auf einem der schwersten Wege überhaupt. Er zeigte uns, dass wir es ihm gleichtun können. Deshalb war er auf Erden. Um uns zu zeigen, wie man aufsteht.

Jesus Christus stand auf. Und seitdem sind wir frei. Weil wir wissen, dass es geht und dass uns nichts passieren kann.

Der praktische zweite Teil

Aus der Praxis für die Praxis

Liebe, die nicht zur Tat wird, ist keine Liebe. *(Ricarda Huch)*

Die Idee, einen großen Praxisteil in mein Buch mit aufzunehmen, kam von einigen meiner Kunden und wurde auch in der Buchhandlung geboren. Ihre Wünsche waren für mich der Motor, so viel wie möglich an dieser Stelle umzusetzen. Die meisten Kunden wollen autobiographische Erlebnisberichte, worin sie sich als Mensch wiedererkennen können. Sie suchen einfache, leicht verdauliche, sachkundige Literatur und sonstige Tipps und Hinweise für ihren eigenen Lebensweg. Daraus entstanden die folgenden Kapitel.

Als erstes möchte ich zehn Fragen anführen, die mir in der Buchhandlung sehr oft gestellt werden. Ich möchte noch einmal darauf hinweisen, dass jede hier gegebene Antwort nur meine eigene Meinung ist und meiner jahrelangen Erfahrung entspricht.

Ich habe das Gefühl, ich komme von Atlantis? Kann das stimmen?
Der sagenumwobene Kontinent. Es gab ihn irgendwann einmal irgendwo. Wenn es für unsere Seele und unser tägliches Leben wichtig wäre, würden wir mehr darüber wissen. Aber es ist nicht wichtig. Leider geht in der ganzen New Age-Szene dieser Atlantis-Kult um. Mit Gesängen und Ritualen, die man vor soundsovielen Tausenden Jahren schon einmal gesungen und ausgeführt hat. Leider ziehen wir, wenn wir uns zu intensiv mit

diesem Thema beschäftigen, Energien an, die störend wirken, die nicht mehr zu uns passen. Atlantis ist vorbei. Lassen sie Atlantis eine schöne Legende sein. Aber mehr auch nicht. Lassen sie sich aber auch nicht mit irgendwelchen Atlantisenergiegeneratoren, Energieakkumulatoren oder sonstigen Heilsteinen, die aus Atlantis kommen sollen, das Geld aus der Tasche ziehen. Mit allem wird heute Geld gemacht. Gerade in der Esoterik-Szene. Denn dort gibt es übermäßig viele Gutgläubige und Träumer.

Ich habe gehört, dass sich Jesus Christus durch ein Medium meldet. Ist das richtig?
Was gibt es mittlerweile nicht alles so auf diesem ganzen New Age-Markt, was so gechannelt wird. Ein ‚Channel', übersetzt heißt dies Kanal, ist ein Mensch, der überirdische Impulse empfängt und sie als Mittler, als Kanal an andere Menschen weitergibt. Nur das Problem heute ist, dass so viele Menschen ein oberflächliches Wissen aus den sogenannten Esoterik-Büchern und Seminaren bekommen und meinen dann zu wissen, wie es geht, ohne dass die ethische und moralische Charakterstärke vorhanden ist, überhaupt sich als Medium zur Verfügung zu stellen. Deshalb gibt es eben so viele, die behaupten, ein Medium zu sein, ein Channel zu sein, auserwählt zu sein, Jesus Christus, Erzengel Michael oder Gott persönlich zu kanalisieren. Meiner Schätzung nach gibt es bestimmt in Deutschland um die 1000 Personen, die behaupten, Jesus Christus würde sich bei ihnen melden. Energiemäßig absolut undenkbar, dass eine Person in unserer grobstofflichen Welt auch nur die Voraussetzungen hat, einen Jesus Christus oder Erzengel Michael zeitweise in ihrem eigenen Energiefeld zu beherbergen. Unsinn. Hat ein Mensch eine solche Voraussetzung, dann ist er ein Medium pur und braucht kein anderes Geistwesen, die durch ihn sprechen, dann ist er Geist und ist automatisch durch seine Reife an das Göttliche angeschlossen. Es gibt aber auch Trance-Medien, deren Seelen sich in einer anderen geistigen

Sphäre befinden, während ein anderes Geistwesen ihren Körper übernimmt und ihre Stimmbänder zur Verständigung benutzt. Fragt man diese Menschen hinterher, wissen sie absolut nichts, was vorher passiert ist. Diese Menschen sind wiederum auch nicht auserwählt, sondern es ist ihr Beruf. Eine geistige Berufung. Es gibt gute Handwerker, gute Sänger und genauso gibt es gute Medien. Es ist eine Fähigkeit wie jede andere auch. Aber letzten Endes ist es egal, was es für ein Medium oder Channel' ist und wer spricht. Es kommt auf den Inhalt an, nicht auf die Verpackung. Es kommt auf die Botschaften an, an denen man ermessen kann, ob es gute geistige Lehrmeister sind oder nicht. Die Botschaft zählt, nicht der Botschafter.

Wie kann ich Erleuchtung erlangen?
Erleuchtung erlangt man nicht, nur weil man es möchte. Zudem, was ist überhaupt Erleuchtung? Ist Erleuchtung die Fähigkeit, alles was es gibt erklären zu können, oder sogar Gott zu verstehen? Ist das nicht vielleicht Hochmut und der Fall steht gleich nebenan? Die Erleuchtung ist eine künstliche Aufblähung eines für uns Normalsterbliche unwichtigen und abstrakten Themas. Wir müssen erst einmal lernen, für uns und den anderen Verständnis aufzubringen. Es muss ja nicht gleich lieben sein. Aber vielleicht ist Erleuchtung, wenn sie in unser Leben tritt, ein Baby im Arm zu halten und die Liebe zu spüren, die einfach wundervoll ist? Oder wenn wir tief im Herzen verstehen, dass wir begrenzt sind mit unseren fünf Sinnen? Erleuchtung ist ein Moment, in dem Licht in uns eintritt und wir innerlich heller werden, wir erleuchten. Ob dies ein schönes Erlebnis mit der Familie im Wald war oder ein Lächeln eines fremden Menschen. Die Erleuchtung kommt auf anderen Wegen zu uns als wir denken. Nicht alles leuchtet, was glänzt. Die Erleuchtung ist Beiwerk auf dem Weg und kommt wann sie will, und nicht wann wir wollen.

Wie finde ich den richtigen Guru oder Meister für mich?
Die brauchen Sie nicht zu suchen, wie ich es gemacht habe, denn dann finden Sie nur Abzocker. Als ich früher in dem Buch ‚Johannes‘ von Heinz Körner las, in der dem Erzähler ein gewisser Johannes erschien, ein großartiger Lebenslehrer, weise und liebevoll, wünschte ich mir das auch. Ohne zu fragen, ob es für mich wichtig und richtig ist. Der Wunsch wurde mir erfüllt. Ich lernte Bärbel kennen und sie saugte mich aus. Die richtigen Gurus und Meister sind die Bäume, die Vögel, die Natur. Und jeder Mensch, den wir im Leben treffen, denn jeder Mensch hat eine Botschaft für uns. Hände weg von Menschen, die sich Gurus und Meister nennen und von sich behaupten, ein großartiges, göttliches Bewusstsein zu besitzen.

Welcher Stein ist für mich der richtige?
Dies kann niemand außer Ihnen selbst sagen. Kein Buch kann Ihnen diese Entscheidung abnehmen. Ganz zu schweigen, dass in vielen Büchern ganz unterschiedliche Erklärungen desselben Steines stehen. Werden Sie auch in dieser Hinsicht mündig und suchen Sie sich Ihren Stein selbst aus, ohne dass Sie vorher in Ihren vielen Büchern blättern. Schließlich sucht der Stein uns aus und nicht wir ihn. Wenn wir uns richtig auf die Energien und die Schönheit dieser Lebewesen einlassen, werden Sie Ihr Wunder erleben. Wie oft höre ich die Menschen sagen: ‚Der Stein spricht mich an.‘ Haben Sie die Worte richtig verstanden? Leider braucht der Mensch Regeln über Regeln. Und gerade bei den Steinen hört man immer wieder, welchen Stein man mit welchem auf keinen Fall tragen soll usw. Man vielleicht nicht, aber wenn Ihr Gefühl das sagt, dann ist Ihr Gefühl wichtiger als die Meinung des größten Steineguros. Und lassen Sie sich nicht zu viele Steine aufschwatzen und sich erzählen, dass Sie den und den Stein auf jeden Fall brauchen. Und nachher sind Sie Hunderte von Euros los. Zu viele Regeln und zuviel Verkaufsinstinkt ersticken jegliches Leben. Auch das der Steine.

Wie bringe ich meinen Körper auf eine höhere Schwingungs-
ebene? Muss ich dafür vegetarisch essen?
Mit diesem Gedanken habe ich ein großes Problem, denn Materie auf dieser Ebene bleibt Materie, egal was man isst oder
denkt. Höhere Schwingungsebene des Körpers bedeutet, dass
der Körper, wenn er schneller oder höher schwingt, unsichtbar
werden würde. Mahatma Gandhi, zum Beispiel, führte für mich
eines der wahrhaftigsten und ethischsten Leben. Er ist zu einem
Vorbild für Millionen geworden. Gandhis Körper alterte trotz
seines jahrzehntelangen menschlichen Lebens wie jeder andere
Körper auch. Er wurde gebrechlich und schwach. Wenn einer
eine höhere Schwingungsebene erreicht hatte, dann war es
Gandhi. Und wenn einer einen lichteren und jüngeren Körper
hätte haben müssen, dann wäre es Gandhi gewesen. Aber
nichts dergleichen. Gandhi hatte den Körper eines ganz normalen Menschen. Wenn die Seele spürt, sie müsste auf Fleisch
verzichten, dann kann es nur gut für sie sein. Wenn es hinge-
gen ein Zwang für die Seele ist, vegetarisch essen zu müssen,
dann fügen Sie ihrer Seele mehr Schmerzen zu als sie ihrem
Körper scheinbar mit Fleisch schaden. Ein wahres liebevolles
Leben ist wichtiger als Vegetarismus oder gar den Körper auf
irgendeine höhere Schwingungsebene zu bekommen. Wäre ich
in meiner dunkelsten Zeit der Abhängigkeit meinen Gelüsten
nach Currywurst und Schnitzel gefolgt, hätte ich mehr Kraft
gehabt, mich aus dieser Hörigkeit zu befreien. Aber nein. Ich
verletzte lieber meine Seele mit meinen zwanghaften Gedanken, bis sie nicht mehr weiter wusste. Zum Glück zeigte sie mir
durch die schnelle Gewichtsabnahme, dass etwas nicht stimmt.
Bitte machen Sie nicht den gleichen Fehler wie ich.

Ich möchte auf meinem spirituellen Weg weiter kommen und
dazu muss man meditieren. Wie meditiere ich richtig?
Meditation hat nichts mit Spiritualität zu tun und Spiritualität
nichts mit Meditation. Es gibt Menschen, die meditieren stun-
denlang und werden wütend, wenn sie nicht ihren Willen be-

kommen. Und gleichzeitig gibt es absolut wahrhaftige Menschen, die noch nie richtig meditiert haben. Meditation ist in der New Age-Szene ein Modewort. ‚Es gehört einfach dazu. wenn man sich mit Spiritualität beschäftigt', denken sehr viele. Der Sinn von Meditation ist die Innenschau. Wie sieht es in meinem Innern aus? Wo habe ich noch Macken? Wo sind meine Stärken und meine wundervollen Eigenschaften? Was habe ich schon erreicht und was will ich noch erreichen? Das kann man aber auch in der Badewanne oder beim Waldspaziergang. Und übrigens, was ist überhaupt der spirituelle Weg? Gibt es einen Menschen, der sich nicht auf diesem Weg befindet?

Muss ich an die Wiedergeburt glauben, um mich seelisch weiter zu entwickeln?
Nichts muss man. Viele Menschen leben vorbildlich ohne das Wissen um die Wiedergeburt. Aber meiner Meinung nach verleiht das Wissen über die Reinkarnation Ihrem Leben eine andere Tiefe. Sie erfahren mehr über die natürlichen Gesetze. Viele unbeantwortete Fragen lassen sich mit diesem Wissen ganz einfach und logisch klären. Für alle großen Wissenschaftler, Propheten, Philosophen und Denker war die Wiedergeburt Realität: Johann Wolfgang von Goethe, Arthur Schopenhauer, Immanuel Kant, Gottfried Wilhelm von Leibniz, Johann Gottfried von Herder, Giordano Bruno, Blaise Pascal, Georg Christoph Lichtenberg, Friedrich von Schiller, Franz Grillparzer, Friedrich Hebbel, Georg Wilhelm Friedrich Hegel, Johann Peter Hebel, Wilhelm Busch, Peter Rosegger, Adalbert Stifter, Christian Morgenstern, Friedrich Rückert, Voltaire, Novalis, Victor Hugo, George Sand, Gustave Flaubert, Pierre Jean de Béranger, Ralph Waldo Emerson, Walt Whitman, Henri David Thoreau, William Shakespeare, Somerset Maugham, George Bernard Shaw, Mahatma Gandhi, Rabindranath Tagore, Leo Tolstoi, Jakob Boehme, Michelangelo, Raphael, Pythagoras, Rudolf Steiner, Martin Luther King, Salvador Dali, Herodot, Plotin, Origenes, Plato, Sokrates, Plutarch, Cicero, Seneca,

Ovid, Augustinus, Hieronymus, Sören Kierkegaard, Rumi, Meister Eckehart, Laotse, Konfuzius, Buddha, Jesus Christus, und viele, viele andere.

Wenn man diesen großartigen Vorbildern folgt, kann man nichts falsch machen, um es einmal so profan zu sagen. Diese Menschen wussten schon, was sie taten, wovon sie sprachen und schrieben.

Wie kann ich mich vor negativen Einflüssen im Leben schützen?

Eine schwierige Frage. Indem Sie einfach das Leben so annehmen, wie es kommt. Und wenn irgendwann einmal Ihre Alarmglocken klingeln, dann schauen Sie warum. Und vor allem, alles mit der Ruhe. Alles hat Zeit bis morgen oder übermorgen. Niemand hat das Recht, Sie unter Druck zu setzen, niemand hat das Recht, über Sie zu bestimmen. Folgen Sie einfach Ihrem Herzen und hören Sie auf Ihre Empfindungen. Leben Sie wahrhaftig, ehrlich und liebevoll mit allen Geschöpfen, dann bauen Sie durch Ihre positiven Taten und Gedanken einen Schutzschild um sich, der Sie nicht mehr so leicht angreifbar macht und Sie leichter in Ihrer Mitte bleiben können. Haben Sie dann auch einmal einen schlechten Tag wie wir alle, dann denken Sie dann noch ab und zu einmal an Ihren Schutzpatron und sprechen Sie ein kleines Gebet oder bitten um Hilfe und Kraft.

Ist dieses oder jenes Seminar gut für mich?

Was gibt es heute nicht alles für Seminare, Veranstaltungen und Treffen? An einem Wochenende wird die ‚Reinigung von negativem Karma' angeboten. An einem Abend wird Ihnen Erleuchtung versprochen. Es gibt Retreats, Satsangs, Readings, Professional Workshops, Orgasmusschulen und, und, und. Was nun ist der richtige Weg für Sie? Am wichtigsten ist immer, sich die Menschen vorher anzuschauen oder wenigstens mit ihnen zu sprechen. Haben sie eine liebe bescheidene Ausstrahlung? Sind sie zurückhaltend? Glauben die Kursanbieter an Gott? Machen sie einen bodenständigen Eindruck? Wenn ja, dann ist es immer gut, sich mit ihnen auszutauschen, denn dann nehmen sie automatisch Tipps oder Eindrücke mit auf ihren weiteren Lebensweg. Wenn die Antworten auf die vorigen Fragen nein lauten, suchen sie weiter. Wenn die Zeit reif ist, werden sie die richtige Person und das richtige Seminar finden.

Checkliste

Ich weiß, dass ich nichts weiß. *(Sokrates)*

Um Ihnen diesen schwierigen Weg etwas zu erleichtern, habe ich eine Checkliste für Sie zusammengestellt, die Ihnen helfen soll, sich durch die Flut der spirituellen Literatur und den Dschungel der esoterischen Seminar-Anzeigen hindurchzufinden. Antworten Sie ehrlich. (Es ist nur ein kleiner Teil von Antworten vorgegeben.) Es ist nur zu Ihrem Nutzen. Bei den kursiv gedruckten Antworten könnte das Seminar oder das Buch Ihnen höchstwahrscheinlich etwas bringen, bei mehreren normal gedruckten Antworten sollten Sie lieber die Hände davon lassen.

Haben Sie Vertrauen. Das, was für Sie wichtig ist, wird auf Sie zukommen. Auch wenn es einmal etwas länger dauert, als Sie eigentlich geplant haben.

1. Wie ist mein erster Eindruck von der Anzeige, dem Artikel oder dem Buch?
- reißerisch
- wichtigtuend
- hektisch
- allwissend
- *persönlich*
- *liebevoll*
- *bescheiden*
- *solide*
- *wahrhaftig*
- ....
- ....
- ....
- ....
- ....

2. Ich trete persönlich mit den Menschen, die mein Interesse geweckt haben, in Kontakt. Wie ist mein erster Eindruck von den Menschen?
- wichtigtuend
- hektisch
- allwissend
- *persönlich*
- *liebevoll*
- *bescheiden*
- *solide*
- *wahrhaftig*
- *humorvoll*
- ....
- ....
- ....
- ....

3. Ich möchte Näheres über das Angebot wissen. Wie verhalten sich die Menschen?
- war nicht möglich, mit ihnen in Kontakt zu treten
- haben keine Zeit, sich mit mir zu treffen
- sie wollen nichts ihrer Methode preisgeben, es umgibt sie ein geheimnisvoller Schleier
- sie reagieren unfreundlich auf meine Fragen
- sie wollen mir etwas aufdrängen, was ich nicht will
- sie stellen sich dar und nehmen sich selbst wichtig
- sie hören mir nicht zu
- sie reden und verhalten sich zu religiös
- sie wollen, dass ich mich jetzt entscheide
- *sie reagieren offen und freundlich*
- *sie reagieren offen und freudig und sind relativ spontan bereit, sich mit mir zu treffen*
- *sie antworten bescheiden*
- *sie erkundigen sich, was ich will und versuchen herauszubekommen, ob ihr Angebot überhaupt etwas für mich ist*
- ....
- ....
- ....
- ....

4. Kann die Person klar und deutlich aus ihrem Herzen heraus über Gott reden?
- nein
- *ja*
- ....
- ....

5. Wie fühle ich mich nach dem ersten Kontakt?
- ausgelaugt
- verwirrt
- erschlagen
- unverändert
- *kräftig*
- *mutig*
- *klar*
- *gut gelaunt*
- ....
- ....
- ....

6. Es geht um mediale Durchgaben. Wovon handeln sie und in welchen Worten sind sie gegeben?
- blumige Worte
- lobende Worte
- verwirrende Worte
- viele Fremdworte
- schöne, aber nichtssagende Worte
- schematische Worte
- *belehrende Worte*
- *humorvolle Worte*
- *bescheidene Worte*
- *einfache Worte*
- ....
- ....
- ....
- ....

7. Inwiefern meine ich, dass ich das Seminar brauche?
- es hilft meinem Ego, eine bestimmte Ausbildung zu haben oder einmal ein Seminar bei dem oder der Soundso gemacht zu haben
- ich bin ungeduldig, ich glaube, dass ich keine Zeit habe, dass sich mein Problem auflöst
- ich denke, dass ich etwas machen und dazulernen muss
- ich laufe vor mir davon in das Seminar
- ich möchte nur unter Menschen kommen, das Thema des Seminars ist mir egal
- *Das Seminar könnte mich zu meinem Problem führen und Lösungen aufzeigen*
- *Ich habe den Menschen kennen gelernt. Ich glaube, dass er mich liebevoll und ernsthaft führen und auch auffangen kann*
- *es hilft meiner Seele, mich über das Thema mit anderen Menschen auszutauschen*
- ....
- ....
- ....
- ....
- ....
- ....
- ....
- ....

8. Was kostet das Seminar?
- Der Stundensatz beträgt ca. 80 Euro oder höher (ohne Materialkosten)
- auf Spendenbasis, aber mindestens so und soviel
- *Ermäßigungen für finanziell Minderbemittelte*
- *Stundensatz beträgt ca.30 Euro oder niedriger (ohne Materialkosten)*
- ....
- ....
- ....
- ....
- ....

Fazit:

Das Seminar oder Buch ist nicht gut für mich, weil

....

....

....

....

....

....

....

....

....

Das Seminar oder Buch könnte etwas für mich sein, weil

....

....

....

....

....

....

....

....

....

Ich schlafe noch ein paar Nächte darüber und entscheide mich dann.

Lebensbilanz

Wo deine Gaben liegen, da liegen auch deine Aufgaben.
(Verfasser unbekannt)

Zum Abschluss dieses Buches möchte ich hier eine praktische Möglichkeit vorstellen, wie Sie Ihre Gaben, Fähigkeiten, Träume, Wünsche, Sehnsüchte und so vieles mehr klarer erkennen können. Eine Lebensbilanz ist auch dafür da, die Belastungen Ihres Lebens freizugeben. Schreiben Sie sich alle Ihre Probleme von der Seele und lösen Sie dadurch Blockaden, die sich noch im Körper befinden.

Ich kann Ihnen aus eigener Erfahrung nur empfehlen, dass Sie sich einmal die Mühe machen und diese folgenden Fragen gewissenhaft und wahrhaftig schriftlich beantworten. Nehmen Sie sich Zeit. Diese Fragen brauchen Sie nicht an einem Tag zu beantworten. Es kann ruhig auch einige Tage oder Wochen dauern. Vertrauen Sie und lassen Sie sich vom Ergebnis überraschen. Es müssen nicht immer teure Seminare und dicke Bücher sein, die uns auf unserem Weg zu uns selbst helfen. Manchmal sind es vielleicht auch nur ein paar Fragen, die für Quantensprünge in unserem Inneren sorgen, wenn wir sie auch wirklich in unserem Leben umsetzen und beantworten. Ich wünsche Ihnen nun viel Freude dabei.
Die Fragen sind uns von der positiven geistigen Welt geschenkt worden.

1. Bin ich mit meinem jetzigen irdischen Leben zufrieden?
2. Was erwarte ich vom Leben?
3. Was erwartet Gott von meinem Dasein?
4. Was erwartet Gott von meiner Inkarnation?
5. Wann ist der Zustand erreicht, an dem der Körper erschöpft ist?
6. Wann ist der Zustand erreicht, an dem die Seele in eine Depression kommen kann?
7. Wann ist der Zustand erreicht, an dem ein ständiges Gefühl der Traurigkeit oder der Angst herrscht?
8. Wo ist meine Stelle / Position auf diesem Planeten?
9. Wie kann ich besser im göttlichen Sinn handeln?
10. Was ist meine Lebensaufgabe?

Buchempfehlungen

Du kannst kein Buch öffnen, ohne etwas daraus zu lernen.
(aus China)

Hier möchte ich Ihnen einige Bücher vorstellen, die ich persönlich für Perlen der Wahrhaftigkeit halte und Ihnen entschieden ans Herz legen möchte. Denn die meisten Dinge, auf die es im Leben ankommt, lernt man nicht in der Schule oder in der Kirche. Deshalb hier eine Auswahl von Erfahrungsberichten und Wahr- und Weisheiten, die befruchtend für Sie sein können. Einige der Wahrheiten darf ich sogar mit selbst herausgeben. Dafür bin ich sehr dankbar.

Falls Sie einzelne Bücher nicht über Ihre Buchhandlung bestellen können, wenden Sie sich an mich. In meinem Buchladen sind sie, wenn lieferbar, meistens vorrätig.

Der große Beistand (MFK Schwalenberg), Essen 1994
Dieses Buch und die folgenden, ‚Friede über alle Grenzen', Gedanken für den Weltfrieden' und die ‚Blaue Reihe' enthalten einen Teil des riesiges Vermächtnisses des Berliner Friedenskreises. Diese medialen Durchgaben sind Perlen der wahrhaftigen Literatur. Die Sprache ist einfach, klar und direkt. Das beste an solider Literatur zur Selbsterkenntnis, was ich gelesen habe.

Friede über alle Grenzen! 14 Broschüren, Ca. 500 Seiten –
ISBN 3-935422-00-8 (Herausgeber: Fieber – Reinmöller – Richter)
In diesen Broschüren nimmt der Santiner Ashtar Sheran zu unseren Gegebenheiten auf unserem Planeten Stellung. Ob Religionen, Wissenschaft oder Politik – in allen Bereichen wird aufgezeigt, wie hilflos wir unseren Problemen gegenüberstehen. Ashtar Sheran hilft uns in direkter und deutlicher Sprache, unsere Schwierigkeiten zu meistern. Die Worte machen Mut und haben die Kraft zu verändern.

Gedanken für den Weltfrieden 176 Seiten – ISBN 3-935422-49-0
(Herausgeber: Fieber – Reinmöller – Richter)
Hier finden Sie ein Gedankengut, das jeden, der den Frieden liebt, ansprechen wird. Die einfachen und brillanten Gleichnisse und Be-

schreibungen sind an Aktualität nicht zu überbieten. Sie erklären, warum die derzeitigen Machtstrukturen auf unserem Planeten nicht geeignet sind, den Weltfrieden zu realisieren. Gleichermaßen wird dem Leser verständlich, dass jeder einzelne in seinen persönlichen Bereichen Beiträge leisten muss, um die Missstände zu durchbrechen.

Die Blaue Reihe
Band 1: Jesus Christus (Hrsg: Fieber – Reinmöller – Richter)
80 Seiten – ISBN 3-935422-01-6
In diesem Buch finden Sie Wahrheiten und Antworten auf die vielen Fragen über die größte Seele, die je auf diesem Planeten gelebt hat. Es wird deutlich, dass Jesus Christus für die geistige Welt kein Gott, sondern eine Seele ist wie alle anderen Menschen auch.

Band 2: Das Sterben (Hrsg: Fieber – Reinmöller – Richter)
160 Seiten - ISBN 3-935422-02-4
Das Tabu-Thema der Menschen wird hier an der Wurzel gepackt. Die große ‚Bedrohung' wird durch dieses Buch in ein vertrautes Wissen umgewandelt. Das Weiterexistieren der Seele nach dem körperlichen Tod wird ebenso beschrieben wie bewiesen. Ein Muss für jeden, der wissen möchte, was ihn nach dem Tod erwartet.

Band 3: Die Stimme Gottes (Hrsg: Fieber – Reinmöller – Richter)
64 Seiten – ISBN 3-935422-03-2
Ein provokanter Titel für ein Buch, in dem ein hohes Geistwesen stellvertretend für die göttlichen Sphären spricht. Hier wird aufgezeigt, wie die Geschehnisse auf diesem Planeten von einer höheren Warte aus gesehen werden. Hier wird Klartext geredet!

Band 4: Die Mediale Arbeit (Hrsg: Fieber – Reinmöller – Richter)
176 Seiten – ISBN 3-935422-04-0
Im Dialog mit der geistigen Welt werden die wichtigen Grundvoraussetzungen und Gesetzmäßigkeiten benannt, die für die positive mediale Arbeit unerlässlich sind. Es wird deutlich auf die Gefahren des Spiritismus hingewiesen und aufgezeigt, wie gute von schlechten Kontakten unterschieden werden können.

Band 5: Der Schöpfer - Der Widersacher (Hrsg: Fieber – Reinmöller – Richter) 160 Seiten - ISBN 3-935422-05-9
Die geistige Welt hat hier den Versuch unternommen, in uns verständlichen Worten die Existenz Gottes zu beschreiben. Ebenso kommt die Tragik um die Geschehnisse mit Luzifer, dem Widersacher, deutlich zum Ausdruck.

Band 6: Die Seele - Der Schutzpatron (Hrsg: Fieber – Reinmöller – Richter) 128 Seiten – ISBN 3-935422-06-7
Der positiven geistigen Welt gelingt es wieder einmal, uns in einfachen und verständlichen Worten ein Thema nahe zu bringen, das von Wissenschaft und Psychologie ebenso abgelehnt wird, wie es die kirchlichen Institutionen mit der Reinkarnation tun. Beides, Seele und Reinkarnation, gehören unmittelbar zusammen.

Band 7: Krankheit – Heilung – Gesundheit (Hrsg: Fieber – Reinmöller – Richter) 176 Seiten - ISBN 3-935422-07-5
Hier hilft uns die geistige Welt dabei, Ursachen für viele Krankheiten zu erkennen. Es wird ausdrücklich darauf hingewiesen, dass die Schulmedizin unerlässlich und wichtig für die Heilung unseres Körpers ist. Jedoch genau so wichtig sind positive geistige Einflüsse wie das Gebet, der Glaube und geistige Heilmethoden. Weitere Schwerpunkte des Buches sind die Ernährung, Drogen und Karma.

Kümmert sich eine außerirdische Menschheit um uns? (Hermann Ilg), Bergkristall Verlag, Bad Salzuflen 2000, ISBN 3-935422-50-4
Diese Broschüre entstand aus einem Vortrag, der 1968 zum ersten Mal gehalten wurde, und hat bis jetzt an Aktualität nichts verloren – Im Gegenteil. Die Thematik ist aktueller denn je.

Strömende Stille (Hermann Ilg), Bergkristall Verlag, Bad Salzuflen 2000, ISBN 3-935422-55-5
Wunderschöne, Poetische Gedichte über Gott und seine Schöpfung. Traumhaft!

Leben in universeller Schau (Hermann Ilg), Bergkristall Verlag, Bad Salzuflen 2000, ISBN 3-935422-51-2
Wie leben die Santiner? Wie sieht es auf ihrem Heimatstern aus? Wie sieht eine Raumstation von innen aus? Ein fantastisches Buch, das Ihnen die Augen öffnet, wenn Sie sich für das Leben auf anderen Planeten interessieren. Super!

Aus dem Wissen eines neuen Zeitalters (Hermann Ilg), Bergkristall Verlag, Bad Salzuflen 2000, ISBN 3-935422-52-0
Aus überirdischer Sicht wird unser Sternensystem beschrieben sowie das Seti-Programm, Dematerialisation und vieles anderes. Absolut interessant.

Am Ende der Zeit (Hermann Ilg), Bergkristall Verlag, Bad Salzuflen 2000, ISBN 3-935422-53-9 (zur Zeit vergriffen: Neuauflage kommt)
Eine Schilderung irdischer Katastrophen wie Abholzung der Regenwälder und Zerstörung der Ozonschicht mit den dazugehörigen Erklärungen der Geistigen Welt und der Santiner. Leider wahr. Super.

Die Gedankenbrücke (Hermann Ilg), Bergkristall Verlag, Bad Salzuflen 2000, ISBN 3-935422-54-7
Interessante und ergreifende Berichte zweier verstorbener Freunde des Verfassers, die ihre Erlebnisse und Erfahrungen im Jenseits und bei den Santinern schildern. Klasse!

Bewusstsein und Weltbild (Hermann Ilg), Bergkristall Verlag, Bad Salzuflen 2000, ISBN 3-935422-56-3
Eine kritische Betrachtung der Menschheit an der Schwelle zum Weltraumabenteuer. Gut.

Die Bauten der Außerirdischen in Ägypten (Hermann Ilg), Bergkristall Verlag, Bad Salzuflen 2003, 160 Seiten mit 70 Fotografien – ISBN 3-935422-59-8
Dieses Buch beinhaltet eine Fülle von Beweisen für die Beteiligung einer außerirdischen Menschheit an den großartigsten Bauwerken dieses Planeten. Mit brillant einfacher Logik gelingt es Hermann Ilg durch die inspirative Hilfe von Geistwesen, uns anhand von Fotografien dieses sensible Thema näher zu bringen. Es wird lebhaft be-

schrieben, wie es seinerzeit gelingen konnte, innerhalb kürzester Zeit diese gewaltigen Steine in absoluter Perfektion aufeinander zu türmen. In uns verständlichen Worten wird Sinn und Zweck der Pyramiden und anderer Bauten erklärt. Zusätzlich erhält der Leser Erfahrungsberichte von Menschen, die sich in den Pyramiden aufgehalten haben. Ein Muss für jeden, der Beweise außerirdischen Wirkens in Händen halten möchte!

E.T. in ancient Egypt (Hermann Ilg),
Bergkristall Verlag, Bad Salzuflen 2000, ISBN 3-935422-57-1
Englische Ausgabe des Buches ,Die Bauten der Außerirdischen in Ägypten'. (siehe oben)

Mediale Schriften Band 1-6 (Dr. Karl Nowotny), München 1989
Auch diese medialen Durchgaben eines ehemaligen österreichischen Arztes gehören zum Besten, was es heute in dieser Richtung zu lesen gibt. Themen wie Parapsychologie, Telepathie, Besessenheit und mediales Heilen werden u.a. klar und deutlich erklärt. Für jeden an Gesundheit Interessierten, der seinen Horizont erweitern möchte.

Dreißig Jahre unter den Toten (Dr. Carl Wickland), St. Goar
Auch diese medialen Durchgaben eines ehemaligen österreichischen Arztes gehören zum Besten, was es heute in dieser Richtung zu lesen gibt. Themen wie Parapsychologie, Telepathie, Besessenheit und mediales Heilen werden u.a. klar und deutlich erklärt. Für jeden an Gesundheit Interessierten, der seinen Horizont erweitern möchte.

Der Geistige Pfad (White Eagle), Grafing
White Eagle ist ein hohes Geistwesen, das sich über viele Jahre in England über ein Medium gemeldet hat. Die Wortwahl, die Sprache von White Eagle vermittelt Geborgenheit und wird jedem gefallen, der sich Gedanken über sich und die Welt macht. Mit das Beste auf dem deutschen Markt.

Der Verkehr mit der Geisterwelt Gottes (Johannes Greber), Göppingen
Der Verfasser war ein katholischer Geistlicher und wurde eines Tages gebeten, die Vorgänge in einem Zirkel zu prüfen. Daraufhin fand

er seine Lebensaufgabe und hinterließ der Nachwelt dieses fantastische Buch. Es enthält neben vielen allgemeinen Informationen auch die grundlegenden Dinge, die es bei dem medialen Verkehr zu beachten gibt. Wichtig!

Das Neue Testament (Johannes Greber), Göppingen
Eine interessante Überarbeitung des Neuen Testamentes. Super!

Denn Christus lebt in jedem von euch (Paul Ferrini), Braunschweig 1999
Eines der wichtigsten Bücher. Paul Ferrinis Buch ist für alle gedacht, die bereit sind, für sich selbst und für die eigene Heilung Verantwortung zu übernehmen. Super!

Eine Autobiographie (Mohandas Karamchand Gandhi), Gladenbach 1995
Sarvodaya (Mohandas Karamchand Gandhi), Gladenbach 1993
Was soll man noch über Mahatma Gandhi sagen? Über den Mann, über den bis auf Jesus Christus mehr Bücher erschienen sind als über jede andere Person der Weltgeschichte. Gandhis Stil, seine Offenheit und Ehrlichkeit, mit der er sein Leben und seine Erfahrungen beschreibt, war für mich etwas Außergewöhnliches. Spüren Sie seinen Geist. Spüren Sie die Erfahrungen dieser „großen Seele". Beide Bücher sind von ihm persönlich geschrieben, und deshalb so kristallklar. Wundervoll!

Ein Wanderer im Lande der Geister (Franchezzo), Bietigheim
Ein Buch ungetrübter Ehrlichkeit des Geistes Franchezzo, der schon wieder in das Jenseits zurückgekehrt ist. Er beschreibt sein voriges Leben mit allen Fehlern und vor allem seine Fortentwicklung im Jenseits, die von einer starken Liebe zu einer Frau im Irdischen bestimmt wird. Seine Erlebnisse in den unterschiedlichsten Sphären im Jenseits lesen sich spannend wie ein Roman, den man nicht mehr weglegen möchte.

Rückkehr von Morgen (George Ritchie), Marburg 1980
1943 starb George Ritchie, dann kehrte er auf wunderbare Weise ins Leben zurück, um ein erstaunliches Erlebnis zu erzählen - das Erle-

ben des Todes und er Welt danach. Dieses Buch stellt Sie vor die entscheidenden Fragen Ihres Lebens. Eine tiefgreifende Autobiographie.

Unser ausgebrannter Planet (Thom Hartmann), München 2000
Der Autor zeigt an vielen Beispielen, wie die Erde und die Menschen ausgebeutet werden. Kein Buch für schwache Nerven, denn die Fakten öffnen die Augen. Leider wahr. Super!

Handbuch des Kriegers des Lichts (Paulo Coelho), Zürich 2001
Paolo Coelho geht mit den Worten um wie ein Kind, das eine Blume streichelt. Wenn Sie ein Buch von ihm gelesen haben, wollen Sie die anderen auch Ihre Seele liebkosen lassen. Dieses Buch ist mein Liebling von ihm, wobei ich alle anderen Bücher (Der Alchimist, Veronika beschließt zu sterben etc.) von ihm ebenfalls sehr, sehr schätze. Poetisch und wahrhaftig. Klasse!

Die Möwe Jonathan (Richard Bach), München 1990
Eine Möwe, die aufgestanden ist und in die Freiheit fliegt. Super.

Der Blaue Delfin (Robert Barnes), München 2000
Ein Delfin, der aufgestanden ist und in die Freiheit schwimmt. Auch super.

Unsere Lehrmeister aus dem Kosmos (Siegfried E. Waxmann), Isny 1987
Super recherchiertes Buch eines wahrheitssuchenden Geistes. Ich habe den Autor kennen lernen dürfen. Das Buch ist so gut wie vergriffen. Fantastisch!

Machu Picchu – Die Stadt des Friedens (Martin Fieber);
192 Seiten,125 farbige Abbildungen– ISBN 3-935422-48-2
Machu Picchu ist nicht nur die beliebteste Touristenattraktion Perus, sondern ganz Südamerikas. Und doch ist Machu Picchu immer noch eines der größten Geheimnisse der Welt. Dieses Buch ist eine spannende Reise zu diesem magischen Ort in den Wolken, in die Vergangenheit Perus, in die Geschichte unseres Planeten und zur eigenen Seele. Ein kurzweiliger Erfahrungsbericht.

Poster ‚*Machu Picchu'* ISBN 3-935422-46-6
Dieses Poster ist ein Motiv aus obigem Buch und hat die Größe von ca. 50 x 70 cm. Allein nur vom Anschauen des Bildes werden Sie einen Hauch des Friedens erfahren, den dieser wundervolle Ort ausstrahlt.

Kunstdruck ‚*Desiderata'* ISBN 3-935422-45-8
„Gehe ruhig und gelassen durch Lärm und Hast...", so beginnt das berühmte ‚Desiderata', das in der alten St. Pauls Kirche von Baltimore in Stein gemeißelt ist. Diese auf edelstem Papier vervielfältigte Handarbeit mit großen roten Lettern und schwarz gehaltenen Kleinbuchstaben ist ein ideales Geschenk.

Herzenstüren öffnen (Eileen Caddy), Gutach
Eileen Caddys Buch mit aufbauenden Gedanken für jeden Tag ist schon Kult. Es ist wunderschön geschrieben und dient Tausenden als Einstieg in den Tag. Super.

Wenn es verletzt, ist es keine Liebe (Chuck Spezzano), Petersberg
Dieses Buch könnte auch ihr Leben verändern. Es ist in 366 Kapiteln verfasst, man könnte es als tägliches Arbeitsbuch benutzen. Deutlich, konfrontativ und liebevoll. Spirituell und therapeutisch klasse.

Heile deinen Körper (Louise Hay), München
Ein Buch, über das man eigentlich nichts mehr zu schreiben bräuchte, denn bei sehr vielen Menschen wird es in der Handtasche mitgeführt oder liegt am Bett griffbereit. Ein Buch, das in bester Manier die seelischen Hintergründe von körperlichen Problemen zeigt.

Wasser – die gesunde Lösung (F. Batmanghelidj), Kirchzarten, 1996
Eines der besten Bücher im Bereich der Gesundheit, das ich kenne. Fazit des Doktors, der schon Tausende Menschen erfolgreich bei körperlichen und seelischen Leiden behandelt hat: Leute, trinkt mehr Leitungswasser, denn der Körper verdurstet. Logisch, wenn wir bedenken, dass unser Körper zu einem Großteil aus Wasser besteht. Faszinierend einfach. Schon knapp 200.000 mal verkauf.

Literaturhinweise

von Däniken, Erich: Die Spuren der Außerirdischen, München
Fieber, Reinmöller, Richter (Hrsg): Friede über alle Grenzen, Bergkristall Verlag, Bad Salzuflen
Fieber, Reinmöller, Richter (Hrsg.): Die Blaue Reihe, Bergkristall Bad Salzuflen
Gandhi, Mohandas Karamchand: Eine Autobiographie, Gladenbach
Gandhi, Mohandas Karamchand: Sarvodaya, Gladenbach
Godwin, Malcolm: Engel, eine bedrohte Art, Frankfurt
Medialer Forschungskreis Schwalenberg: Der große Beistand, Essen
Schlosser, Horst Dieter: Lexikon der Unwörter, München
Tagore, Rabindranath: Mein Vermächtnis, München
Waxmann, Siegfried E.: Unsere Lehrmeister aus dem Kosmos, Hans Landes KG, Isny
Weidinger, Erich: Die Apokryphen, Bechtermünz Verlag, Augsburg

Falls Sie Interesse daran haben, die Protokolle der Treffen des Spirituellen Forschungskreises in Bad Salzuflen zu beziehen, von dem in diesem Buch die Rede ist, dann schreiben Sie an folgende Adresse:
Spiritueller Forschungskreis e.V.
Postfach 6109
32090 Bad Salzuflen
Fax. 05222 - 17332

Das Gesamtprogramm des Bergkristall Verlages:

Beschreibungen der hier folgenden Bücher stehen einige Seiten vorher unter der Rubrik Buchempfehlungen

Machu Picchu – Die Stadt des Friedens
Martin Fieber; 192 Seiten,125 farbige Abbildungen–
ISBN 3-935422-48-2

Poster ‚Machu Picchu'
ISBN 3-935422-46-6

Kunstdruck ‚Desiderata'
ISBN 3-935422-45-8

Friede über alle Grenzen!
14 Broschüren, Ca. 500 Seiten – ISBN 3-935422-00-8
Herausgeber: Fieber – Reinmöller – Richter

Gedanken für den Weltfrieden
176 Seiten – ISBN 3-935422-49-0
Herausgeber: Fieber – Reinmöller – Richter

Die Blaue Reihe
Herausgeber: Fieber – Reinmöller – Richter
Band 1*: Jesus Christus*
80 Seiten – ISBN 3-935422-01-6

Band 2: *Das Sterben*
160 Seiten - ISBN 3-935422-02-4

Band 3*: Die Stimme Gottes*
64 Seiten – ISBN 3-935422-03-2

Band 4*: Die Mediale Arbeit*
176 Seiten – ISBN 3-935422-04-0

Band 5: *Der Schöpfer - Der Widersacher*
160 Seiten - ISBN 3-935422-05-9

Band 6: *Die Seele - Der Schutzpatron*
128 Seiten – ISBN 3-935422-06-7

Band 7: *Krankheit – Heilung – Gesundheit*
176 Seiten - ISBN 3-935422-07-5

Band 8 ‚Die Santiner' und Band 9 ‚Das Geistige Reich' sind in Vorbereitung.

Die Bauten der Außerirdischen in Ägypten
160 Seiten mit 70 Fotografien – ISBN 3-935422-59-8

E.T. in ancient Egypt (englische Version von Die Bauten der Außerirdischen in Ägypten): 100 Seiten – ISBN 3-935422-57-1

Das Wissen eines neuen Zeitalters
108 Seiten – ISBN 3-935422-52-0

Bewusstsein und Weltbild:
24 Seiten – ISBN 3-935422-56-3

Die Gedankenbrücke
92 Seiten – ISBN 3-935422-54-7

Kümmert sich eine außerirdische Menschheit um uns
48 Seiten – ISBN 3-935422-50-4

Strömende Stille
76 Seiten – ISBN 3-935422-55-5

Leben in universeller Schau
128 Seiten – ISBN 3-935422-51-2

‚In kosmischen Bahnen denken', ‚Wenn die Not am größten ...'
und ‚Am Ende der Zeit' sind in Vorbereitung.

Der Autor ist verheiratet und lebt mit seiner Frau Monika in Bad Salzuflen. Er führt eine kleine gemütliche Buchhandlung im Stadtteil Schötmar.
(Einen kleinen Einblick finden Sie unter www.bergkristall-verlag.de.)
Wenn Sie Fragen haben oder an einem Austausch interessiert sind, schreiben Sie an:
Bergkristall
Schülerstr. 2-4
32108 Bad Salzuflen,
Fax 05222 – 870849
e-mail: info@bergkristall-verlag.de

Ebenfalls können Sie nähere Informationen über vertrauenswürdige Menschen in Ihrer Nähe an anfordern.